Bärbel Wardetzki

Loslassen & dranbleiben

Bärbel Wardetzki

Loslassen & dranbleiben

Wie wir Veränderungen mutig begegnen

Kösel

Sollte diese Publikation Links auf Webseiten Dritter enthalten, so übernehmen wir für deren Inhalte keine Haftung, da wir uns diese nicht zu eigen machen, sondern lediglich auf deren Stand zum Zeitpunkt der Erstveröffentlichung verweisen.

Wir haben uns bemüht, alle Rechteinhaber der aufgeführten Zitate ausfindig zu machen, verlagsüblich zu nennen und zu honorieren. Sollte uns dies im Einzelfall nicht möglich gewesen sein, bitten wir um Nachricht durch den Rechteinhaber.

MIX
Papier aus verantwortungsvollen Quellen
FSC® C014496

Penguin Random House Verlagsgruppe FSC® N001967

2. Auflage 2020

Umschlag: Weiss Werkstatt München
Umschlagmotiv: © Ridkous Mykhailo / Shutterstock.com
Illustration im Innenteil: Sabine Timmann
Redaktion: Mihrican Özdem
Satz: Satzwerk Huber, Germering
Druck und Bindung: GGP Media GmbH, Pößneck
Printed in Germany
ISBN 978-3-466-34703-2
www.koesel.de

Dieses Buch ist auch als E-Book erhältlich.

Für Johanna

Inhalt

Einleitung

Veränderungen und Umbrüche gehören zum Leben, auch wenn wir dazu neigen, sie lieber auszublenden. Und dennoch bleibt nichts, wie es ist. Sowohl wir selbst verändern uns permanent, als auch unsere Umwelt. Wir sind daher immer wieder herausgefordert, uns auf neue Situationen einzustellen. Sogar positive Veränderungen wie eine bevorstehende Hochzeit, eine Beförderung oder ein herausforderndes Engagement können uns verunsichern. Noch schwieriger erleben wir jedoch solche Situationen, in denen wir Abschied nehmen müssen von geliebten Gewohnheiten, von Menschen, die uns nahestanden, von Jobs, die uns bisher Sinn und Selbstwert vermittelt haben oder von einer durch Krankheit verminderten Kraft, die uns daran hindert, unsere Pläne zu verfolgen. Die Liste der Beispiele ließe sich unendlich verlängern. Gerade in Zeiten großer gesellschaftlicher Umbrüche, wie sie im Moment stattfinden, ist unsere Wandlungsfähigkeit gefragt. Bleiben wir im Alten stecken und versuchen, das Gewohnte krampfhaft festzuhalten, werden wir Probleme bekommen.

Loslassen und dranbleiben ist da gefordert, denn es ist die Basis für unsere Wandlungsfähigkeit und die Bewältigung von schwierigen Situationen. Es klingt wie ein Widerspruch, denn wie sollen wir etwas loslassen und zugleich dranbleiben? Bei psychischen Inhalten widerspricht es sich jedoch nicht. Hier lassen wir los, was uns beschwert, und halten an dem fest, was uns stärkt. Wir lassen los, was sich verändert, und bleiben dran an unseren Zielen und Wünschen und an unserer Handlungskompetenz. Auf diese Weise löst sich der Widerspruch auf.

Viele Veränderungen wirken in unserer Seele wie Kränkungen. Wir fühlen uns persönlich getroffen, ungerecht behandelt und wehren uns gegen die Umwälzungen, die uns geschehen. Im schlimmsten Fall verbittern wir, weil die Situation, in der wir stecken, für uns so nachteilig ist.

Um mit diesen negativen Konsequenzen klarzukommen, sind wir gezwungen, uns auf die neue Situation einzustellen, uns mit ihr auseinanderzusetzen und einen angemessenen Weg zu finden, sie zu akzeptieren. Solange wir im Alten verharren und das Neue abwehren, behindern und verletzen wir uns selbst, nehmen uns die Lebensfreude und verbauen uns die positiven Perspektiven im Leben.

Dieses Buch möchte zeigen, was Wandlungsfähigkeit bedeutet und wie wir sie erwerben können. Was brauchen wir, was müssen wir in uns entwickeln, damit wir als Einzelne und als Gemeinschaft mit Veränderungen so umgehen können, dass wir nicht verbittern und uns gekränkt gegen das Neue stellen? Was bedeutet für jeden Einzelnen Wandlungsfähigkeit, welche Erfahrungen haben wir mit Umbrüchen gemacht, was hat uns geholfen, welche Ressourcen konnten wir aktivieren und wo sind unsere Grenzen? Im vorliegenden Buch werden diese Fragen anhand vieler Beispiele und persönlicher Erfahrungsberichte beantwortet.

Die Fähigkeit, loszulassen und dennoch an einer Sache dranzubleiben, ist wesentlich für unsere Wandlungsfähigkeit. Das Buch erklärt, was darunter zu verstehen ist und wie wir uns diese Fähigkeit zunutze machen können.

Die reinste Form des Wahnsinns ist es,
alles beim Alten zu lassen und gleichzeitig zu hoffen,
dass sich etwas ändert.

ALBERT EINSTEIN

1 Leben ist Bewegung und Wandel

Das einzige Beständige ist der Wandel

Veränderungen im Leben sind unausweichlich, und wir sind immer wieder gefordert, uns auf neue Situationen einzustellen. Dabei ist unsere Wandlungsfähigkeit gefragt, die es uns ermöglicht, mit den veränderten Bedingungen konstruktiv umzugehen. Auch und gerade in Zeiten großer gesellschaftlicher Umbrüche, wie sie im Moment stattfinden, ist diese Flexibilität notwendig. Probleme bekommen wir dagegen, wenn wir im Alten stecken bleiben und versuchen, das Gewohnte festzuhalten und auf unseren Vorstellungen zu beharren, wie die Welt zu sein hat.

In dem Satz des vorsokratischen Philosophen und Denkers Heraklit von Ephesos kommt diese Tatsache zum Ausdruck: »Das einzige Beständige ist der Wandel.« Nichts bleibt gleich, nur die Tatsache, dass sich immer alles verändert. Auch wir Menschen sind einem immerwährenden Prozess des Werdens und Wandels unterworfen, weil unser Leben aus regelmäßigen Veränderungen besteht. Man kann sagen, Leben ist ein stetiger Wandel, ein permanenter Entwicklungsprozess. Das bedeutet, dass wir in unserem Alltag herausgefordert sind, uns immer wieder mit Veränderungen und Umbrüchen auseinanderzusetzen, denn sie gehören zum Leben, ob wir sie akzeptieren oder nicht.

Viele Veränderungen nehmen wir gar nicht bewusst wahr. Unser Körper erneuert ständig seine Zellen und wandelt sich von Tag zu Tag. Erst im Laufe der Jahre wird uns bewusst, wie beträchtlich sich unsere Erscheinung und unsere Ausstrahlung mit der Zeit verändert haben. Wir altern, ohne es direkt zu merken, und spüren es im Wesentlichen an körperlichen Symptomen oder in Zeiten von Lebenseinschnitten. Die gesamte menschliche Entwicklung ist eine Kette von neuronalen, körperlichen und psychischen Entwicklungsschritten, die uns letztendlich dazu befähigen, ein eigenständiges und selbstverantwortliches Leben zu führen. Auch sozial sind die Veränderungen in unserem Leben sehr groß. Wir lösen uns von der Herkunftsfamilie, schließen Freundschaften und Liebesbeziehungen, heiraten, kriegen Kinder und/oder machen Karriere, bis wir uns eines Tages mit unserem Alter auseinandersetzen müssen. Manche Übergänge fallen uns leicht, andere sind mit großen Unsicherheiten und Spannungen verbunden. Jeder Schritt, jeder neue Abschnitt bedeutet Ablösung und Trennung von bisher Gewohntem und ist zugleich eine Erweiterung unserer Lebensmöglichkeiten.

Durch die vielen Erfahrungen, die wir machen, bleibt auch unsere Seele nicht dieselbe. Unsere Persönlichkeit entwickelt sich im Laufe des Lebens weiter. Wir treten anders auf, fühlen uns sicherer, haben viel gelernt und trauen uns mehr zu. Durch Schicksalsschläge kann es allerdings auch passieren, dass wir seelisch so verletzt sind, dass wir uns mehr und mehr von der Welt zurückziehen und an uns zweifeln.

Auch unsere Umwelt verändert sich im Laufe unseres Lebens. Wir verlieren Freunde aus den Augen, neue Freundschaften entstehen. Unsere Wohnung wird zu klein, wenn wir eine Familie gründen, oder zu groß, wenn alle Kinder aus dem Haus sind. Unsere Wünsche, Einstellungen und Ziele verändern sich gleichfalls. Was uns einmal bedeutsam und wichtig war, kann heute seine Attraktivität verloren haben. So stand früher möglicherweise die Karriere an erster Stelle, mit beginnendem Alter sind es die sozialen Beziehungen, die uns erfüllen. Es scheint so zu sein, dass jüngere Menschen mehr Wert auf persönliches Wachstum, Status und Arbeit legen. Für ältere Menschen spielt einer Studie der Universität Basel zufolge[1] soziales Engagement und Gesundheit eine größere Rolle.

Doch nicht nur die individuellen, sondern auch gesellschaftliche Umbrüche können unsere innere Balance stark ins Schwanken bringen und zum Handeln auffordern. Hauptsächlich sind es die, unter denen wir leiden, wie eine Finanzkrise, eine Regierungskrise, das Null-Zins-Niveau, die Migranten und Asylsuchenden, deren Zahl uns scheinbar oder real überfordert. Alle diese Veränderungen zwingen uns, uns immer wieder auf neue Bedingungen einzustellen, einfach deshalb, weil sie geschehen. Diese Tatsache mag für viele traurig oder sogar entsetzlich sein, andererseits ist sie aber auch eine Chance. Es wäre nämlich schlimm, wenn immer alles beim Alten bliebe. Es würde nichts Neues entstehen, keine Entwicklung, keine Verbesserung. Und dennoch sind die steten Umstellungen eine Herausforderung an unsere eigene Veränderungs- und Wandlungsfähigkeit, die Mut und Vertrauen erfordert.

Panta rhei – Alles fließt

Die Tatsache, dass nichts so bleibt, wie es ist, nannte Heraklit »Panta rhei«, was so viel bedeutet wie »Alles fließt und nichts bleibt; es gibt nur ein ewiges Werden und Wandeln«. Diese Sicht betont das Prozesshafte unseres Seins. Das Sein ist nicht fest, es entwickelt sich, es wird. Das bedeutet, dass alles, was wir erleben, ein Werden und ein Wechsel ist. Von Moment zu Moment entsteht unser Sein als ein ewiger Entwicklungsprozess. Daher ist es auch nicht möglich, zweimal in denselben Fluss zu steigen. Denn wenn wir es erneut tun, ist es nicht mehr dasselbe Wasser, und auch wir selbst sind nicht mehr die, die wir beim ersten Mal waren.

Diese Tatsache spüren wir häufig in Situationen, in denen wir eine vergangene positive Erfahrung wiederholen möchten. Mit einem bestimmten Menschen oder an einem bestimmten Ort war es so wunderschön, dass wir es gern noch einmal erleben wollen. Doch meist wird diese Erwartung nicht erfüllt. Es kann nämlich nicht noch einmal so werden, wie es damals war, und dann sind wir enttäuscht, weil sich das ehemalige Hochgefühl nicht wieder einstellt. Es kann auch wieder wunderschön werden, aber eben anders. Im schlimmsten Fall machen wir sogar eine negative Erfahrung, die entweder mit unserer Einstellung, unseren zu hohen Erwartungen oder der Veränderung des anderen Menschen und des Ortes zu tun haben. Berücksichtigen wir das im Vorfeld nicht, laufen wir einer Illusion hinterher, die nicht erfüllbar ist. Akzeptieren wir jedoch die Tatsache des Panta rhei, dann lassen wir uns auf eine neue Erfahrung ein, auch wenn sie mit einem bekannten Menschen an demselben Ort stattfindet. Wir öffnen uns für das Neue und erleben damit die Spannung, die in dem Unerwarteten liegt. Das ist Leben, eine stete Bewegung zwischen Bekanntem und Unbekanntem, zwischen Altem und Neuem, zwischen Sicherheit und Unsicherheit.

Wandel ist so toll wie schrecklich

Bitte fragen Sie sich einmal selbst, was Sie mit Veränderung und Wandel verbinden. Sind Sie jemand, der eher das Neue sucht und sich freut, wenn Sie sich auf Ungewohntes einstellen? Oder halten Sie lieber am Alten fest? Vielleicht merken Sie, dass sich diese Frage gar nicht so leicht beantworten lässt. In manchen Bereichen sehnen Sie vielleicht Veränderungen herbei, in anderen dagegen möchten Sie am liebsten, dass alles konstant bleibt.

Es gibt Menschen, die nicht lange an einem Ort wohnen können, sondern immer nach einigen Jahren umziehen. Die aber in ihrem Beruf jede Neuerung ablehnen. Es gibt andere, denen ihre seelische Veränderung so wichtig ist, dass sie jede Herausforderung annehmen, um innerlich zu wachsen. Die aber in ihrem Umfeld alles stabil halten wollen. Es kommt noch ein weiterer Punkt hinzu, nämlich die Tatsache, ob es sich um eine positive Veränderung handelt oder um einen negativen Einbruch ins Leben. Der Start in eine Weltreise, die Geburt eines ersehnten Kindes, die berufliche Beförderung sind alles positive Beispiele. Sie lösen Gefühle der Vorfreude, Erfüllung und Befriedigung aus. Doch auch auf diese positiven Ereignisse müssen wir uns einstellen. Ein Neugeborenes krempelt das ganze Leben um, die neue Stelle will kompetent ausgefüllt werden, und die Weltreise birgt mögliche Gefahren. Das bedeutet, dass auch bei schönen Veränderungen meist kleine oder größere Unsicherheiten und Befürchtungen mitschwingen. Das ist verständlich, denn wir betreten in allen Fällen Neuland und wissen nicht genau, was auf uns zukommt.

In einer Studie fanden von Odermatt und Stutzer[2] heraus, dass Menschen die Wirkung positiver Ereignisse auf ihre Lebenszufriedenheit überschätzen. Sie haben zwar einen Anstieg des Wohlbefindens zur Folge, der sich jedoch nach einem Jahr auf das Niveau der Vorjahre einpendelt. Ähnlich ist es mit den Folgen negativer Ereignisse, die nach einiger Zeit weniger belastend erlebt werden. Menschen gewöhnen sich an positive und negative Umstände und passen sich ihnen an. Diese Tatsache ist besonders wichtig, da Menschen häufig auf negative Lebenseinbrüche mit starker Abwehr, Angst und Kränkung reagieren. Ihre Belastung könnte sich reduzieren, wenn sie sich klarmachen, dass auch sie wieder Zufriedenheit und Wohlbefinden erlangen werden. Auch in diesem Fall gilt: Nichts bleibt so, wie es ist.

Ich möchte in diesem Buch Wege aufzeigen, wie wir mutig auch die belastenden Veränderungen bewältigen können, und Antworten auf die folgenden Fragen geben:

Wie schaffen wir es, Veränderungen

- nicht als Kränkung und gegen uns gerichtet zu erleben,
- nicht an ihnen zu verzagen und in der Verbitterung zu enden?

Wie können wir stattdessen

- uns aus dem Schlimmen herausarbeiten,
- an ihm wachsen,
- die Situation so managen, dass es uns gut geht,
- einen Sinn im Ganzen finden?

Veränderungen machen Angst

Auch wenn Veränderungen und Wandlung zu unserem Leben dazugehören, machen sie uns Angst, weil sie uns mit etwas Neuem konfrontieren. Dieser Angst könnten wir aus dem Weg gehen, wenn alles beim Alten bliebe, weshalb wir Veränderungen lieber so weit wie möglich vermeiden. In diesem Sinne erklärt auch der Gestalttherapeut[3] Arnold Beisser unsere Angst vor dem Unbekannten. Seiner Ansicht nach fürchten wir das Unbekannte, weil es tatsächlich Gefahren bergen und uns womöglich den Boden unter den Füßen wegreißen kann. Dabei könnte es auch eine Chance für uns sein, doch »stattdessen ziehen wir es vor, am vergangenen Elend festzuhalten. Dies ist wenigstens sicher und fest.«[4]

Die Angst vor dem Neuen ist verständlich, weil wir nicht wissen, wie wir mit den veränderten Bedingungen umgehen sollen und ob wir sie meistern werden. Es ist, als würde unser bisheriges Handwerkszeug nicht mehr ausreichen, wir aber noch kein neues haben. Fehlt uns das Rüstzeug, fühlen wir uns hilflos und ausgeliefert. Wir befürchten, keinen Einfluss nehmen zu können, uns nicht mehr als Handelnde zu erleben und ausgeliefert zu sein. Es geschieht etwas mit uns, wogegen wir uns nicht wehren können. Sogar bei positiven Veränderungen wissen wir nicht, was auf uns zukommt, ob sie uns zufriedenstellen und gut ausgehen oder nicht.

Angst sei ein schlechter Ratgeber, sagt man, weil er uns lähmt und klares Denken verhindert. In unserer Angst malen wir uns eine negative Zukunft aus, verbunden mit der Befürchtung, daran zu scheitern. Das ist eine ganz normale Übergangsreaktion, wenn wir mit einschneidenden Veränderungen konfrontiert sind oder Ziele und Einstellungen revidieren müssen. Dass Veränderungen Angst machen, ist aber kein Grund, sich nicht auf sie einzulassen. Nehmen wir die Angst nämlich als Zeichen, dass wir etwas nicht können und lernen müssen, dann kann sie zu einem wertvollen Begleiter werden, der uns hilft, uns Schritt für Schritt in die neue Situation hineinzufinden.

So beschreibt es auch die Autorin Barbara Pachl-Eberhart[5], die 2008 ihren Mann und ihre beiden kleinen Kinder bei einem Autounfall verlor. Diese Erschütterung war so groß, dass sie zuerst nicht mehr leben wollte. Doch irgendwann kam ihr der Gedanke, dass sie sich selbst nicht auch noch verlieren wollte, wo sie schon ihre gesamte Familie verloren hatte. Also begann sie, in kleinen Schritten ins Leben zurückzukommen. Eine ihrer Strategien war, kleine Glücksmomente zu sammeln. Aus der Überzeugung, nie wieder vollkommen glücklich sein zu können, schärfte sie ihren Blick für die kleinen Momente des Glücks. Sie sammelte alle Augenblicke, in denen sie ein kleines bisschen glücklicher war als in dem Moment zuvor. Das half ihr, den Blick auf das Positive in einer schrecklichen Situation zu richten und sich innerlich aufzubauen und zu unterstützen. Heute sei sie rundum glücklich, sagt sie. Sie ist zum zweiten mal verheiratet und hat gerade eine kleine Tochter bekommen.

Das Prinzip des »Schritt für Schritt« ist eine bewährte Methode, um Veränderungen zu meistern, weil wir sie selten auf einmal bewältigen können. Effektiv ist es, uns immer wieder zu überlegen, welcher Schritt jetzt nötig ist, um das zu erreichen, was im Moment ansteht. Je nach der Tiefe der Verzweiflung könnte es sein, dass der erste Schritt bedeutet, überhaupt aufzustehen und sich zu waschen. In einem anderen Fall geht es darum, sich zu überlegen, welche Aufgaben anstehen, um einen Umzug zu organisieren oder um eine Pflegemöglichkeit für die erkrankte Mutter zu arrangieren. Wenn wir solche großen Aufgaben in kleine Schritte unterteilen, werden sie handhabbar und verlieren an Schrecken. Dazu brauchen wir Zeit, um herauszufinden, was gerade jetzt wichtig und notwendig ist. Das hilft, das Unbekannte anzupacken.

Gerade in Zeiten, in denen uns der Boden unter den Füßen weggezogen wurde, brauchen wir Halt durch andere Menschen, die uns trösten, Mut machen oder konkret mithelfen. Sie unterstützen uns, eigene Kraftreserven zu aktivieren, und geben uns das Gefühl, nicht allein zu sein. Diese soziale Einbettung verschafft Sicherheit, die uns in der Umsturzsituation fehlt, die wir aber dann brauchen.

Sicherheit ist notwendig

Sicherheit ist ein Grundbedürfnis des Menschen. Nicht nur der Säugling braucht Sicherheit, auch der Erwachsene. Das Bekannte gibt uns Sicherheit und Stabilität, und deshalb ziehen wir es jedem Unbekannten und Neuem vor. Sicherheit entsteht durch das Erklären und Aufdecken von Zusammenhängen und Sinn. Alles, was uns unsinnig erscheint, macht uns unsicher, weil wir es kognitiv nicht einordnen können. Unser Bedürfnis nach Sicherheit führt im schlechtesten Fall dazu, Veränderungen gänzlich zu vermeiden, im besten Fall, Hilfe und Unterstützung bei anderen Personen zu suchen.

Menschen unterscheiden sich stark in der Art und Weise, wie sie Sicherheit erleben und herstellen können. Wir lernen das vor allem in den ersten Lebensmonaten und Jahren. Die Grundlage dazu bietet eine sichere Bindung zu den Bezugspersonen. Je mehr ein Kind von einfühlsamen Eltern unterstützt wird, die adäquat auf seine Gefühle und Bedürfnisse reagieren und eine stabile Beziehung anbieten, umso sicherer wird es sich auch als Erwachsener fühlen.

Das Bedürfnis nach Bindung hat eine biologische Wurzel und äußert sich in einem Bindungsverhalten, dessen emotionales Ziel es ist, Nähe, Schutz, Sicherheit und Geborgenheit zu erleben. Das ist die »sichere Basis«, wie es der britische Kinderpsychiater John Bowlby[6] genannt hat, aufgrund der es dem Säugling oder dem Kind möglich ist, die Umwelt zu erforschen. Gelingt das, dann spricht man von einem sicher gebundenen Beziehungsmuster. Ist das Kind in der Beziehung zu seinen Bezugspersonen geschützt, erlebt es sich auch aufgehoben in der Welt. Diese Sicherheit ist die Grundlage, wie der Erwachsene emotional auf Veränderungen regieren wird. Je zuverlässiger die Basis, umso angstfreier wird er sich dem Leben zuwenden können. Er wird durch Rückschläge und Veränderungen nicht in demselben Maße irritiert werden, wie bindungsunsichere Menschen, die keine oder eine brüchige Stabilität im Außen erlebt haben.

Der Bindungsforscher Karl Heinz Brisch[7] vergleicht das Bindungsbedürfnis mit einem Rauchmelder: Durch Angst wird es aktiviert, durch Nähe heruntergeregelt. Das bedeutet, dass bindungsängstliche Kinder die Nähe der Bezugspersonen suchen und große Scheu haben, sich von ihnen zu entfernen. Sind Kinder dagegen sicher gebunden, steigt ihr Bedürfnis, die Umgebung zu erkunden und Neues auszuprobieren.

Das Kleinkind verinnerlicht seine frühen Beziehungserfahrungen, die sich im impliziten Gedächtnis, dem limbischen System, physiologisch abbilden. Die Erfahrung von Trost und Schutz im Arm einer sorgenden Person und das Vertrauen, nicht verlassen zu werden, löst körpereigene Opiate aus und bahnt entsprechende neuronale Netze im Gehirn. Diese positiven Reaktionsmuster hemmen die Lebensängste. Im Gegensatz dazu führen negative Bindungserfahrungen zu einem erhöhten Stresspegel und somit zu erhöhter Angstbereitschaft.

Ein sicheres Bindungsverhalten geht einher mit dem Vertrauen, aufgefangen zu werden. Entweder von anderen Menschen oder von einer göttlichen Kraft. Die Theologin Margot Käßmann sagte nach ihrem Rücktritt vom Ratsvorsitz der Evangelischen Kirche Deutschland (EKD) wegen eines Straßenverkehrsdelikts in einem Fernseh-Interview, man könne nicht tiefer fallen als in Gottes Hand. Wie auch immer Menschen Gott definieren, sie spüren einen Boden, der sie trägt und nicht völlig abstürzen lässt. So wie das Kind eine Hand greifen kann, wenn es sich ängstigt.

Eine stabile Bindungsfähigkeit ist zudem die Basis für die Fähigkeit, sich selbst Trost zu spenden und zu beruhigen. Je weniger das jemand kann, umso bedrohlicher werden Veränderungssituationen. Fehlt darüber hinaus eine Person, bei der man Zuflucht finden kann, wird es umso schlimmer. Dann löst jede Veränderung eine massive Unsicherheit und Angst aus, gefolgt von Handlungsunfähigkeit, Panik und Ohnmacht.

Ein gewisses Maß an Sicherheit ist daher eine Bedingung, um Veränderungen zu wagen und zu meistern. Dazu verhilft auch Kontrolle und Planungssicherheit, die verhindern, dass wir uns dem Neuen ausgeliefert fühlen. Wir sind stattdessen Handelnde und Akteure im eigenen Leben und können unsere Fähigkeiten einsetzen. Vor diesem Hintergrund schaffen wir es, Umbrüche und Veränderungen nicht als Kränkung zu erleben und an ihnen zu verzagen, sondern wir arbeiten uns aus dem Schlimmen heraus, wachsen an ihm, managen die Situation, so gut wie möglich, und finden einen Sinn im Ganzen.

Wachstum und Sicherheit

Neben der Suche nach Sicherheit haben wir noch ein zweites Bestreben, das in die entgegengesetzte Richtung geht, nämlich den Wunsch nach Entwicklung und Wachstum, also nach Veränderung. Der amerikanische Psychotherapeut Paul Rebillot[8] nennt es den menschlichen Grundkonflikt zwischen der Sehnsucht nach Weiterentwicklung und dem Bedürfnis nach Sicherheit. Sie bilden zwei Pole in unserer Psyche, die beide ihr Recht verlangen. Wir haben auf der einen Seite den Wunsch, im Leben etwas zu erreichen, und das heißt, sich auf den Weg zu machen, Dinge anzupacken und uns zu verändern. Auf der anderen Seite schätzen wir die Bequemlichkeit und die Sicherheit im Vertrauten.

Diese gegensätzlichen Bestrebungen erzeugen einen inneren Spannungszustand, der schwer auszuhalten ist. Deshalb leben wir nur einen Pol und blenden den anderen aus. Entweder entscheiden wir uns für die Veränderung und werden fast wandlungssüchtig, indem wir ständig Neues ausprobieren, an keinem Ort lange bleiben, keine Tätigkeit ausdauernd machen, sondern immer auf dem Sprung ins Unbekannte sind. Oder wir suchen die Sicherheit und lassen uns auf nichts Gewagtes oder Ungewohntes ein. Damit reduzieren wir zwar die Spannung, müssen aber auch auf Vieles verzichten. In der permanenten Suche nach Veränderung verlieren wir den Blick für das Gegenwärtige. Wenn wir aber Wandlungen aus dem Wege gehen und Gewohntes zementieren, bedeutet das Stillstand. Wir verlieren dadurch ein Stück Leben, leiden unter Langeweile, entwickeln eine depressive Stimmung, vergraben uns in unserer Einsamkeit und werden mit der Zeit immer träger oder sogar psychosomatisch krank. Wir leben dann in einem »gemütlichen Elend«. Dieser Zustand ist zwar äußerst unangenehm, aber er fühlt sich sicher an, weil er uns bekannt ist.

Auch wenn wir Polaritäten, also Gegensätze, lieber vermeiden, sind sie für das menschliche Leben und unser Wohlbefinden unerlässlich. Wir erkennen das eine nur durch die Existenz des anderen. Den Schatten gibt es nur durch das Licht, den Tag nur durch die Nacht, die Weiterentwicklung nur durch den Stillstand. Beides zusammen ergibt ein Ganzes. Sogar unser Organismus braucht die beständige Abfolge von Hell und Dunkel, von wach und Schlaf, von hungrig und satt, um gesund und lebendig zu bleiben. Wer also das Eine – die Veränderung und Entwicklung – dauerhaft ausschließt, verdirbt damit immer auch das Andere – die Sicherheit. Beides ist eins, auch wenn wir es nur nacheinander erleben können. Also wird alles, was ist, nur durch seinen Gegensatz möglich. Die Spannung, die aus den Gegensätzen entsteht, ist ein schöpferischer Prozess, sowohl in der Welt als auch in uns. Das mag uns in einer Veränderungssituation trösten und Mut machen, sie anzunehmen. Wir verlassen dann zwar die sogenannte »Komfortzone« und müssen auf Sicherheit verzichten, wir bekommen aber auch eine Chance, Unbekanntes in uns zu entwickeln und zu einer neuen Sicherheit zu finden. Wenn wir diese Herausforderung annehmen und vom Eingefahrenen loslassen, können wir davon sehr profitieren.

Das Gehirn sucht Kohärenz

Die Chance der Wandlung zu ergreifen, ist gar nicht so leicht, weil sogar unser Gehirn Veränderungen vermeidet, da sie viel Energie kosten. Beim Alten zu bleiben, auch wenn das Alte uns nicht weiterbringt, ist energiesparend. Das Gehirn sucht Kohärenz, also Stimmigkeit, wie es der Neurobiologe Gerald Hüther[9] nennt, und die wird gestört, sobald wir den Wunsch haben, etwas zu verändern.

In dem Moment, in dem wir beschließen, etwas anders machen zu wollen, entsteht eine große neuronale Erregung im Gehirn, die den Energieverbrauch in die Höhe treibt. Das Gehirn ist aber darauf aus, Energie zu sparen. Allein beim Liegen und ohne nachzudenken verbraucht das Gehirn etwa 20 Prozent der vom Körper bereitgestellten Energie. Wir sparen Energie, indem wir die alten Muster aktivieren, die wie Autobahnen in unserem Gehirn gebahnt sind. Wir machen so weiter wie bisher, was sich im Gehirn und auch emotional erst mal stimmig anfühlt.

Um also eine Veränderung in Gang zu setzen, müssen wir Gerald Hüther[10] zufolge eine Zeit der Inkohärenz aushalten. Also der Unstimmigkeit. Das gelingt uns meist nur dann, wenn wir ein bedeutungsvolles Ziel vor Augen haben, das wir leidenschaftlich anstreben. Wir müssen das Neue wirklich wollen, es muss uns berühren und nicht nur eine verbale Absicht sein. Die setzt sich nicht durch, eine Vision dagegen schon. Wenn unser Wunsch stark genug ist, sind wir auch bereit, Widerstände zu überwinden und trotz Hindernissen dranzubleiben. Sei es, dass wir die Mühen eines Studiums auf uns nehmen, um uns den erträumten Job zu ermöglichen, oder wir lange Zeit Geld sparen, um die ersehnte Weltreise zu unternehmen, oder wir ein soziales Projekt aufbauen, das unsere ganze Kraft fordert, weil wir anderen helfen wollen. Wenn es uns gelingt, diese Ziele zu verfolgen, stellt sich am Ende wieder Kohärenz ein. Wir sind zufrieden, fühlen uns stimmig mit dem, was wir möchten und tun, und die neuronale Erregung geht wieder zurück.

Wie aber schaffen wir es, dass uns unser Ziel so wichtig wird, dass wir unser Gehirn dazu bringen, Energie aufzuwenden? Das geschieht entweder dann, wenn wir einem Herzenswunsch folgen oder wenn wir das, was wir leben, nicht mehr aushalten. Wir leiden unter einer Beziehung, unter dem Alleinsein, unter unserer Arbeit oder der Arbeitslosigkeit und machen uns auf den Weg, uns zu trennen, oder suchen einen neuen Job oder eine Beschäftigung, die uns Sinn stiftet. Sinn ist überhaupt ein wesentlicher Faktor, der dem menschlichen Handeln Richtung und Kraft verleiht. Er ist auch energiesparend, weil wir auf alles Unsinnige verzichten.

Inkohärenz entsteht in Beziehungen, in denen wir schlecht behandelt werden oder nicht das bekommen, was wir uns wünschen und brauchen: ein Partner, der uns nicht wertschätzt, eine Freundin, die uns in der Not alleinlässt, ein Bruder, der uns neidisch begegnet und unseren Erfolg entwertet. All diese Beispiele untergraben unseren Selbstwert, und wir stehen vor der Frage, ob wir diese Beziehungen beenden, was aber Inkohärenz im Gehirn auslöst. Stimmigkeit werden wir erst dann erleben, wenn wir uns mit Menschen umgeben, mit denen wir unsere Wünsche von gegenseitiger Wertschätzung besser leben können.

Handeln wir gemäß unserer Werte, entsteht im Gehirn ein kohärenter Zustand, die Erregung nimmt ab, und es reagieren die Belohnungszentren, indem sie körpereigene Opiate ausschütten. Das sind neuropathische Botenstoffe, die die Nervenzellen dazu bringen, neuronale Verschaltungen herzustellen und auf diese Weise das neue Verhaltensmuster fester im Hirn zu verankern. Das stärkt auf Dauer das innere Bild von sich selbst als einer Person, die weiß, was sie will, und eine Vorstellung davon hat, wer sie sein möchte.

Wenn uns Neues kränkt

Unsere erste Reaktion auf ungewollte und negativ erlebte Veränderungen ist meist eine Kränkung. Sie ist wie ein Schlag ins Gesicht, der uns trifft und sehr schmerzt. Eine Kränkung ist eine Reaktion auf Ereignisse, durch die wir seelisch verletzt werden. Wir fühlen uns durch das Ereignis persönlich getroffen, ungerecht behandelt oder sogar gedemütigt. Wir sind zutiefst verunsichert und im schlimmsten Fall verbittert.

Das Charakteristikum von Kränkungen ist ein Angriff auf unseren Selbstwert. Kränkung und Selbstwert sind zwei Seiten einer Medaille. So wie Lob unser Selbstwertgefühl stärkt, so wird es durch Kränkungen geschwächt. Wir fühlen uns minderwertig und nichtig und in unserer Würde als Person verletzt. Menschen, die ein schwaches Selbstwertgefühl besitzen, sind daher noch schneller kränkbar als selbstbewusste, weil sie auf die Anerkennung von außen angewiesen sind, um sich wertvoll zu fühlen. Allein das Ausbleiben einer Bestätigung ist für sie daher schon eine Kränkung.

Besonders Lebensumbrüche und Veränderungen, die uns von außen aufgezwungen werden, erleben wir als einen Angriff auf unsere Person und unser Leben. »Warum muss gerade mir das passieren?« Wir fühlen uns um unser Glück und unseren Frieden betrogen und können nichts dagegen ausrichten. Wir sind ohnmächtig und wütend und fühlen uns sogar bedroht, denn die Einschnitte verändern unser bisheriges Lebenskonzept. Im Fall einer schweren Krankheit wird es sogar auf den Kopf gestellt. Sie ist ein schmerzlicher Einbruch in unser beschauliches Leben, wir fühlen uns benachteiligt, entwertet und vom Schicksal schlecht behandelt. Die Folge sind Wut und eine tiefe Verzweiflung, weil das Gewohnte zu Ende geht und wir Schlimmes ertragen müssen.

Das anfängliche Gekränktsein ist jedoch weniger das Problem als die Tatsache, dass wir in der Kränkung stecken bleiben. Verharren wir im Schmerz, in der Hilflosigkeit, in Ohnmachts- und Unterlegenheitsgefühlen oder im Zorn, dann schadet das unserem Selbstwertgefühl. Wir erleben uns nicht mehr wertvoll, da wir unsere Vorstellung von uns als gesunde, tatkräftige Person nicht aufrechterhalten können. Das Bild von uns und unseren Vorstellungen zerplatzt, und wir sind mit einer völlig neuen und unerwarteten Situation konfrontiert. Dasselbe passiert nach Trennungen. »Welchen Wert habe ich als Frau, wenn ich verlassen werde?« »Wie stehe ich jetzt vor den anderen da?« Zu dem Schmerz über den Verlust des Partners kommt die Infragestellung der eigenen Person hinzu. Dadurch zementieren wir unsere Opferposition. Oder der Zorn wird zum Hass, und wir sinnen im schlimmsten Fall auf Rache und Vergeltung. Wir sind wütend, weil das Schicksal uns vor fast unüberwindliche Aufgaben stellt. Wir verzweifeln, weil wir es doch anders haben wollen, und befürchten, die Situation nicht meistern zu können. In unserer Wut und Hilflosigkeit beschimpfen wir das Leben, Gott, unsere Eltern, unseren Partner bzw. unsere Partnerin oder wen auch immer wir für die Schmach verantwortlich machen. Oder wir rächen uns sogar gewaltsam an denen, die unser Unglück verursacht haben.

Doch weder durch körperliche noch verbale Gewalt wird das Problem gelöst, vor das wir gestellt sind, sondern wir halten mit unserer Wut und unserem Hass am Schrecklichen und am Schrecken fest. Wir sind nur noch mit unserem Selbstwerteinbruch beschäftigt und dem Gefühl, einem Unrecht ausgeliefert zu sein. Dabei übersehen wir, dass wir uns dadurch von unserer Lebensenergie abschneiden. Wir sind nicht mehr in Kontakt mit den Möglichkeiten, unser Leben positiv zu gestalten, sondern stecken im Elend fest. In dieser Situation kommen wir nicht weiter, weil die notwendigen Veränderungsprozesse stagnieren.

Je länger Menschen an der Kränkung festhalten, umso mehr schädigen sie ihr Selbstwertgefühl. Ihre Selbstsicherheit wandelt sich in Minderwertigkeits- und Unterlegenheitsgefühle, sodass sie nicht mehr zielgerichtet handeln können. Noch dazu, weil ihre Selbstzweifel so stark werden, dass sie sich nicht mehr zutrauen, die Situation zu lösen. Besonders dann, wenn andere »daran schuld« sind, weil sie ihnen den Job wegnehmen, sich von ihnen trennen oder ihnen das Leben mit Lärm schwer machen. Sie können nichts dagegen ausrichten, sie fühlen sich hilflos ausgeliefert und landen in einer tiefen Ohnmacht, die nicht selten mit dem Gefühl der Bedrohung verbunden ist. Aus diesem Loch ist es sehr schwer, wieder herauszukommen. Halten sie jahrelang an diesen Ungerechtigkeiten fest, werden sie immer unglücklicher, doch an der Situation ändert sich dadurch nichts.

Um mit diesen negativen Konsequenzen konstruktiv umzugehen, sind wir alle gezwungen, uns auf die neue Situation einzustellen, uns mit ihr auseinanderzusetzen und einen angemessenen Weg zu finden, sie zu akzeptieren. Solange wir im Alten verharren und uns gegen das Neue wehren, behindern und verletzen wir uns selbst, nehmen uns die Lebensfreude und verbauen uns die positiven Perspektiven, die sich auftun.

Zwei schwere Kränkungen für Gudrun

Auch Gudrun machte die Erfahrung, dass das Festhalten am Alten es erschwert, Kränkungen zu verarbeiten. Sie erlebte zwei einschneidende Kränkungen: Die erste war der Verlust ihrer Arbeitsstelle und die zweite die Trennung von ihrem Partner.

Gudrun arbeitete sehr erfolgreich in einer hohen Position einer staatlichen Einrichtung, die auch mit Öffentlichkeitsarbeit verbunden war. Ihr Arbeitstag dehnte sich oft bis in die späten Abendstunden aus und besetzte fast ihr gesamtes Privatleben. Sie ging förmlich in ihrer Arbeit auf, die ihr viel Spaß machte, aber auch viel von ihr verlangte. Sie hatte große Verantwortung und wurde wegen eines Fehlers zur Rechenschaft gezogen, den eine Mitarbeiterin gemacht hatte. Gudrun war so gekränkt über diese Ungerechtigkeit und die Unverfrorenheit der Kollegin, dass sie sich beleidigt zurückzog, ihren Ärger und ihre Enttäuschung in einer aggressiven Gereiztheit zur Schau stellte nach dem Motto: »Dann macht doch euren Dreck allein!« Aus ihrer Kränkung heraus fiel es ihr schwer, sich gegen die Anschuldigungen konstruktiv zu wehren.

Sie verbiss sich immer stärker in ihre Kränkung, auch weil sie das Verhalten der Vorgesetzten nicht verstehen konnte. Sie hätte erwartet, dass sie hinter ihr stehen und sie in Schutz nehmen. Das wäre eine Anerkennung und Würdigung ihrer bisherigen Arbeit und ihrer Person gewesen und hätte ihr das Gefühl gegeben, eine wichtige Mitarbeiterin zu sein. Doch all das geschah nicht. Im Grunde fühlte sie sich als hilfloses Opfer, sodass sie sich mehr als Bittstellerin präsentierte denn als langjährige wertvolle Mitarbeiterin. In ihrer Ohnmacht suchte sie nach Unterstützern im Kollegenteam, doch wirkliche Hilfe erhielt sie auch hier nicht. Ihre vorwurfsvolle Opferhaltung ließ die anderen zurückweichen. Die Situation wurde immer unerträglicher, sodass man ihr nahelegte zu kündigen. Das war der Todesstoß für ihr Selbstwertgefühl. Zu diesem Zeitpunkt hatte sie einen Mann kennengelernt, der stark wie ein Baum auftrat und in dessen Arme sie sich förmlich flüchtete. Er gab ihr Halt, Trost und Würdigung in dieser Zeit.

Sie lebte nun das genaue Gegenteil von dem, was ihr Leben vorher ausmachte: in Zweisamkeit mit dem Partner, auf dem Land mit Hund und Katze. Sie ging ganz in dieser Rolle auf, auch weil ihr neuer Job sie wenig ausfüllte und forderte. Sie merkte gar nicht, dass sie sich immer mehr verlor, da sie sich ganz auf den Partner und sein Leben einschwang. Bis zu dem Tag, an dem er ihr eröffnete, dass er eine andere Frau kennengelernt habe, mit der er jetzt leben wolle. Nach nur einem Jahr der nächste Rauswurf. Die eine Wunde war noch nicht ganz verheilt, da erhielt sie die zweite. Ihr Halt und ihre Sicherheit brachen von einem Tag auf den anderen weg und stellten sie vor ganz neue Herausforderungen. Gudrun war tief enttäuscht und gekränkt und hatte große Mühe, mit der Demütigung zurechtzukommen. Ihr Selbstwertgefühl ging gegen null, sie war unermesslich eifersüchtig auf die neue Freundin und wütend auf ihn. Sie litt sehr, fühlte sich verloren und unsicher, weshalb ihr ganzes Streben der Wiederherstellung der alten Situation galt, woran sie jedoch scheiterte. Durch das Festhalten an den alten Erinnerungen verbaute sie sich die Möglichkeit, die aktuelle Situation zu verbessern. Sie kämpfte um etwas, das schon längst vorbei war und nie wieder auf diese Art und Weise herzustellen war.

Was sie neben der Enttäuschung über die ausbleibende Würdigung ihrer Arbeit und Person noch zermürbte, war die Frage, warum ihr Partner sie verließ. Weil sie seine Motivation und sein Verhalten nicht verstehen konnte, verbiss sie sich immer mehr in ihr Kränkungsgefühl. Die schmerzliche Situation nagte dermaßen an ihr, dass sie psychosomatische Beschwerden entwickelte und immer mehr von ihrer Lebenslust verlor. Sie konnte kaum an etwas anderes denken als an ihre massive Enttäuschung.

Schlussendlich holte sie sich Hilfe in der Therapie und erkannte, dass sich in ihrer Kränkung ein Kindheitsmuster wiederholte. Sie war die mittlere Tochter und litt immer unter ihren beiden Geschwistern. Die ältere war der Star, beliebt und sehr gut in der Schule, die jüngere war die süße Kleine, die alle immer vorzogen. Gudrun in der Mitte musste sich anstrengen, um nicht übersehen zu werden, weshalb sie versuchte, es allen recht zu machen. Trotzdem erlebte sie immer wieder Zurückweisungen und Kränkungen, wenn die Eltern beispielsweise vergaßen, sie – wie besprochen – von der Schule abzuholen, oder in der Einkaufszone erst spät merkten, dass sie sie unterwegs verloren hatten.

Das Gefühl, nicht gewollt und auf sich allein gestellt zu sein, wurde zur Grunderfahrung für Gudrun, das sie durch Anstrengung und Leistung kompensierte. Die Kündigung und das Verlassenwerden riss diese alte Wunde wieder auf und erschwerte die Überwindung der aktuellen Kränkungen.

Mit der Zeit gelang es ihr immer mehr, die Rolle des hilflosen Opfers loszulassen und sich auf die neue Situation einzustellen. In der Distanz sah sie nun, wie sehr sie sich angepasst und ihre Autonomie aufgegeben hatte, nur um Sicherheit und Zuwendung zu erfahren. Mit dieser Erkenntnis wurde ihre Kränkung weniger, und ihre Kraft, sich in ihrem Leben ins Zentrum zu stellen, wuchs.

Kränkungen machen unflexibel

Kränkungsgefühle sind unflexible Antworten auf verletzende oder von uns als verletzend erlebte Ereignisse. Diese Inflexibilität zeigt an, dass die Person keine ausreichende Fähigkeit besitzt, sich auf die gegenwärtige Situation in einer Weise einzulassen, dass sie neue Erfahrungen zulässt. Sie kann sich nicht kreativ an die jeweiligen Bedingungen anpassen und angemessen auf sie reagieren. Stattdessen greift sie auf gelernte Verhaltensmuster zurück, die früher einmal sinnvoll waren, heute aber unangemessen sind.

In Gudruns Fall heißt das, dass sie in der Zurückweisung durch ihren Partner eine Wiederholung kindlicher Verlassenheit und eine Bestätigung erlebt, nicht gewollt zu sein, statt sich einzugestehen, dass sie sich in der Beziehung für ihn aufgegeben hat. Im Gegenteil idealisiert sie die Beziehung im Nachhinein und hält länger an ihr fest, als ihr guttut. Ihre Arbeit verliert sie, weil sie sich zurücknimmt, statt für ihre Rechte einzustehen. Sie kann das Problem nicht zu ihren Gunsten lösen, sondern wartet vergeblich auf Verständnis und Unterstützung von außen. Flexibilität im Handeln würde für Gudrun bedeuten, die Verlustgefühle, den Schmerz und die Wut auszudrücken und zugleich die neue Situation zu akzeptieren, um ihr Leben in ihre Hände zu nehmen und ihm eine neue Richtung zu geben, die nicht unbedingt zu ihrem Nachteil sein muss, weil sie zu mehr Autonomie führt.

Auch wenn es einfach und einleuchtend klingt, ist es doch schwierig, von den eingefahrenen Vorstellungen abzurücken und sich für neue Erfahrungen zu öffnen. Und das liegt unter anderem daran, dass wir befürchten, unseren Schutz zu verlieren, wenn wir uns für die veränderten Bedingungen öffnen. Ein Dilemma, das uns oft länger an unsere Kränkungsgefühle bindet, als es nötig wäre.

Wie können wir die Flexibilität im Handeln wiederherstellen, wenn wir in einer Kränkungssituation sind? Was könnte Gudrun tun, um ihre Kränkung zu überwinden und ihren Arbeitsalltag ebenso wie ihr Privatleben wieder positiv zu erleben?

Im Idealfall würde sie spüren, dass hinter dem Kränkungsgefühl der Schmerz und die Wut über die erlebten Zurückweisungen stecken, die einen wunden Punkt in ihr getroffen haben, nämlich die kindlichen Verletzungen. Sie wüsste dann aus Erfahrung, was sie tun kann, um sich wieder besser zu fühlen, nämlich nicht in den Opfergefühlen hängenzubleiben, sondern etwas zu tun, was ihren Selbstwert stärkt. So wie jemand, dessen Magen sich zusammenzieht und der weiß, dass es Hunger ist, den er mit Essen stillen kann. Sie könnte also die Anschuldigung zurückweisen und die Trennung betrauern und damit anerkennen, dass sie unabwendbar sind. Und sie könnte sich fragen, welche Möglichkeiten sie hat, um eine Würdigung zu erhalten. Sie könnte neue Kontakte knüpfen oder alte aufleben lassen, in denen sie Zuwendung bekommt, ohne sich aufzugeben. Alles, was ihr guttut, sie befriedigt und ihr Selbstwertgefühl stärkt, trägt dazu bei, ihre Kränkungsgefühle zu überwinden, weil sie ihre Würde wiederherstellt.

Bei Kränkungsreaktionen ist die Empfindung zum einen jedoch so unangenehm, dass wir alles tun, um sie zu verdrängen. Zum anderen ist uns der emotionale Hintergrund der Kränkung meist nicht bewusst, weshalb wir keine genaue Vorstellung davon haben, was uns erlösen könnte. Oder wie bei Gudrun, die zwar weiß, was sie braucht, nämlich Würdigung, Sicherheit und Zuwendung, es aber nicht bekommt, also nicht befriedigt wird.

Es geht jedoch nicht nur um die Wahrnehmung unserer Empfindungen, sondern auch um gedankliche Alternativen zur Bewältigung der Kränkungssituation. In der Kränkung sind unser Denken und unsere Vorstellungskraft blockiert. Wie oft fällt uns erst am nächsten Tag die beste Antwort auf eine Beleidigung ein, oder wir wissen erst im Nachhinein, wie wir uns am besten hätten verhalten sollen. Diese Denkblockade führt dazu, dass wir keine Handlungsmuster entwickeln, die zu einem positiven Ausgang führen. Wir agieren blind aus dem Bauch heraus, ohne zu überlegen, was sinnvoll und zielführend wäre. Wir schlagen um uns, beschimpfen den anderen, ziehen uns zurück oder sind vorwurfsvoll wie Gudrun. Dadurch, dass unsere Denkfunktion lahmgelegt ist, handeln wir relativ kopf- und orientierungslos. Im Idealfall würden wir uns überlegen, welches Verhalten im Moment der tiefen Verletzung sinnvoll, machbar und selbstwertstärkend wäre, ohne den anderen unsererseits zu verletzen. Beispielsweise könnte Gudrun den Vorgesetzten sagen, dass sie sich durch die Anschuldigung verletzt fühlt, da sie nicht für den Fehler verantwortlich war. Sie könnte auch die Kollegin mit ihrer unfairen Haltung konfrontieren und von ihr fordern, für ihren Fehler einzustehen. In jedem Fall würde sie im Kontakt mit ihr bleiben, müsste ihn nicht durch Gekränktsein und Vorwürfe unterbrechen und würde im Dialog das Problem zu lösen versuchen. Das wäre eine authentische Handlung, die ihr aber in der Kränkungssituation nicht zur Verfügung stand.

Der Hintergrund von Kränkungen ist nämlich meist eine frühe Verletzung oder Erfahrung, die in der realen Situation unbewusst emotional angeregt wird. Unsere Reaktion ist daher mitgetragen von kindlichen Gefühlen und Erlebnissen, weshalb wir nicht gelassen und erwachsen handeln. So, wie wir im Denken blockiert sind, so blockieren wir auch unser zielführendes Handeln, indem wir uns in der Gekränktheit abwenden und den Kontakt zum anderen abbrechen. Analog zum Hungrigen, der in dem Moment, in dem er zu essen beginnen könnte, keinen Hunger mehr spürt, nicht mehr weiß, was er essen möchte, und sich unbefriedigt und hungrig zurückzieht. Auch Gudrun ist nicht zufrieden, möchte etwas, das sie nicht bekommt, und hat die Erfahrung gemacht, dass andere vorgezogen werden und sie das Nachsehen hat. Für ihre Wünsche und Zufriedenheit zu kämpfen hat sie nicht gelernt.

Finden wir keine befriedigende Lösung, bleiben wir in der Kränkung haften. Das hat einen weitreichenden Einfluss auf unsere Persönlichkeit und unser Selbstbild. In der Kränkung zementieren wir unsere negative Einstellung zu unseren Beziehungspartnern und zu uns selbst. Im Fall von Gudrun sind es die Vorgesetzten, die nicht zu ihr standen, die Kollegin, die sie ins Messer laufen ließ, die andere Frau, die ihr den Mann weggenommen hat, und der Partner, der sie verlassen hat. Sich selbst hält sie in ihrer Gekränktheit für unwichtig und nicht gut genug, sonst würde man mit ihr nicht auf diese Weise umgehen.

Negative Selbstbewertungen wie »Das habe ich nicht geschafft, ich bin eine Versagerin« schwächen und blockieren die Wandlungsfähigkeit. Sie beeinflussen das Denken, Fühlen und Verhalten, da nur jene Handlungsmöglichkeiten in Betracht gezogen werden, die den Annahmen entsprechen. Hält sich jemand für unwichtig und unfähig, wird er seine Interessen nicht gut vertreten und beleidigt aufgeben. »Hat ja eh keinen Sinn.« Auf diese Weise werden neue und positive Erfahrungen erschwert und das negative Selbstbild verfestigt.

Kränkungen zu überwinden, bedeutet daher, dass wir unser Selbst stärken, indem wir uns auf Neues einlassen, Risiken eingehen und unsere Persönlichkeit durch korrigierende Erfahrungen erweitern. Der Gestalttherapeut Paul Goodman nannte es die »schöpferische Anpassung des Selbst an die jeweiligen Bedingungen«. Das Ziel ist, unsere Persönlichkeit zu weiten und unsere seelischen Möglichkeiten zu entfalten. Auch wenn wir jetzt gekränkt sind, wagen wir uns dennoch ins Neue. Der französische Schriftsteller Arnaud Desjardins bezeichnet diese Haltung als das Stürzen ins Leben, das mit Risiken, Rückschlägen, aber auch mit Erfolg und Glück verbunden ist. »Haben Sie den Mut, sich ins Leben zu stürzen, Risiken einzugehen, Rückschläge einzustecken, in dem Wissen, dass Sie dem Spiel der Gegensätze ausgesetzt sein werden, also Erfolg und Scheitern, Glück und Unglück, Lob und Tadel.«[11]

Somit haben Veränderung und Wandel auch ihre positiven Seiten, indem sie uns dazu anhalten, uns mit uns selbst und der Welt auseinanderzusetzen.

Wunde Punkte und alte Ängste

Was macht es uns so schwer, uns kreativ auf Veränderungen einzulassen? Ein Grund ist, dass sie unverarbeitete Verletzungen aktivieren. Im Falle von Kränkungen spreche ich von den sogenannten wunden Punkten, alten Verletzungen des Selbstwertgefühls, die als »offene Gestalten« unabgeschlossen im Unbewussten bestehen geblieben sind. Durch die aktuelle Situation werden sie aktiviert und lösen Kränkungsreaktionen aus. Wir spüren daher im aktuellen Schmerz zugleich den alten. Das erklärt auch, warum unsere Reaktionen auf Veränderungen oft so übermäßig heftig ausfallen. Dann nämlich, wenn der aktuelle Anlass unsere Wunde berührt und wir uns überwältigt fühlen. Und je schmerzhafter die Wunde ist, umso heftiger reagieren wir auf das Neue und weichen ihm aus, um uns zu schützen. Aber das hilft natürlich nur marginal. Die Wunde bleibt und kann durch neuerliche Ereignisse immer wieder angerührt werden.

So wie Veränderungen als erlebte Kränkungen am wunden Punkt rühren, so lösen sie häufig auch traumatische Vorerfahrungen aus. Diese sind in der Regel mit Gefühlen des Ausgeliefertseins, der Bedrohung und der Schutzlosigkeit verbunden. Nach einem traumatischen Erlebnis erstarren die Betroffenen, ziehen sich auf sich zurück und erleben die Umwelt als bedrohlich, da ihr Bedürfnis nach Schutz und Sicherheit verletzt wurde. Sind sie erneut einer Situation ausgeliefert, in der sie sich schutzlos und ohnmächtig fühlen, kommen sie in Kontakt mit den alten Traumagefühlen. Sie reagieren darauf entweder aggressiv-jähzornig oder verstimmt-depressiv. Auf jeden Fall nicht so, dass sie dem Neuen mit Kraft und Zuversicht begegnen.

Was uns bei der Auseinandersetzung mit unseren Verletzungen hilft, ist Verständnis für unsere seelische Reaktion. Wir begreifen, dass alte, oftmals kindliche Gefühle und Verletzungen in der Veränderungssituation ausgelöst werden. Das ändert zwar nichts an der Belastung, aber es entsteht durch das Selbstmitgefühl eine andere Sicht auf unsere Reaktion. Das aktuelle Ereignis ist schmerzlich, wird aber durch unsere Vorerfahrung, unsere Angst und Panik noch schlimmer. Erkennen wir, dass unsere momentane Reaktion durch unsere früheren Erlebnisse und unsere Empfindlichkeit stark geprägt ist, müssen wir das aktuelle Ereignis möglicherweise gar nicht mehr als Kränkung oder neues Trauma erleben, sondern haben Energie frei, um eine konstruktive Lösung zu suchen. Auf diese Weise trennen wir die alten Gefühle vom gegenwärtigen Ereignis und reduzieren damit die aktuelle Erschütterung. Wir können dann das Alte der Vergangenheit und das Jetzige der Gegenwart zuordnen. Und wir finden eine Erklärung für das momentane Geschehen und können gezielt nach Möglichkeiten suchen, das eigene Unbehagen zu beenden. So werden wir wieder handlungsfähig, weil wir unsere alten Geschichten nicht bei aktuellen Anlässen abarbeiten. Je bewusster uns das ist, umso besser wird es uns gelingen.

Gudrun erkennt, dass sie wie das Kind reagiert, das allein zurückbleibt und hinter den anderen steht. Sie leidet nicht nur unter den aktuellen Trennungen, sondern auch darunter, kein Recht zu haben, für sich einzustehen. Zu erkennen, dass der kindliche Teil in dem Moment die Führung übernimmt, obwohl es der erwachsene tun müsste, ist hilfreich, um die Kräfte der Erwachsenen zu mobilisieren. Sie kann heute viel mehr als früher, sie darf sich wehren und muss nicht alles ertragen. Sie ist kein hilfloses kleines Mädchen mehr, sondern eine tatkräftige Frau. Mit dieser Erkenntnis gelingt es, das Alte vom Gegenwärtigen zu trennen und die Wandlungsfähigkeit zu ermöglichen.

Erlernte Hilflosigkeit

Veränderungen erleben wir so bedrohlich, weil sie uns mit uns selbst konfrontieren, mit unseren Selbstwertverletzungen, Traumata, gelernter Hilflosigkeit und Handlungsunfähigkeit.

Die Wurzeln der Hilflosigkeit liegen oft früh in der Kindheit, in der wir lernen, unsere Kraft und unsere Impulse zurückzuhalten. Das kann ganz unterschiedliche Ursachen haben. Fühlen wir uns als Kind abgelehnt, nicht wichtig oder sogar überflüssig, werden wir nicht die Überzeugung entwickeln, es wert zu sein, für uns einzustehen und das zu bekommen, was wir brauchen. Im Gegenteil: Wir werden uns zurücknehmen und anpassen, um nicht negativ aufzufallen. Die Angst, abgelehnt zu werden, nicht passend zu sein, wird größer als der Wunsch nach Durchsetzung.

Der Hintergrund für eine solche Entwicklung sind negative Erfahrungen im Elternhaus oder anderen Einrichtungen wie Kindergarten, Schule oder Sportverein. Auch Geschwisterkonflikte können zu Selbstwertverletzungen führen, wenn das Kind sich immer zurückgesetzt oder von den anderen sogar bedroht fühlt. Ebenso führen traumatische Übergriffe wie sexueller oder seelischer Missbrauch zu tiefen seelischen Schäden und einem ausgeprägten Minderwertigkeitsgefühl. Das hinterlässt negative Muster, denen wir im Erwachsenenalter unbewusst folgen, denn wir haben vergessen, dass wir unsere Kraft und unseren Selbstwert früher einmal besaßen, dann aber verloren haben. Wir glauben, keine Kraft zu haben, um unsere Pläne zu verfolgen oder Veränderungen zu bewirken, sondern geben die Verantwortung an andere ab. Die Erinnerung daran, wie ohnmächtig wir uns als Kinder gefühlt haben, macht uns unfähig. Wir stellen diese Machtlosigkeit in unserem Leben nie wieder infrage und versuchen deshalb auch nie, unsere Kraft auszuprobieren.

Wir trauen uns nicht zu, etwas zu tun, das wir noch nie gemacht haben. Veränderungen zwingen uns, die Kraft und das Selbstbewusstsein in uns zu entdecken und uns davon zu überzeugen, dass wir heute etwas tun können, auch wenn wir es als Kinder nicht durften. Dann wachsen Kräfte in uns, mit denen wir uns auf das Neue einlassen können.

Werteverlust führt zu Verbitterung

Veränderungen erschüttern unser Wertesystem, wenn das, was als Grundüberzeugungen, Einstellungen und Wertorientierungen unser Leben bestimmt, auf den Kopf gestellt wird. Grundüberzeugungen sind Einstellungen und Wertorientierungen, die dazu dienen, sich über die Lebensspanne hinweg kohärent, also logisch zusammenhängend und nachvollziehbar, verhalten zu können. »Die Familie ist das Wichtigste im Leben!«, »Mein

Partner betrügt mich nicht!«, »Wir halten zusammen!«, »Ich komme schon irgendwie durch« sind Grundannahmen, nach denen wir unser Leben ausrichten und in denen sich unsere Werte ausdrücken. Sie gelten jedoch nur so lange, bis wir mit Hindernissen konfrontiert werden, weil sich etwas wandelt. »Mein Partner betrügt mich nicht« gilt nur so lange, bis er eine Affäre hat. Das ist dann eine fundamentale Verletzung unseres eigenen Wertes und erschüttert unsere Grundüberzeugung. Nicht selten enden Beziehungen an diesem Punkt, weil es den Partnern nicht möglich ist, nach dem Vertrauensbruch weiter zusammenzuleben. Oder wir finden eine neue Grundannahme: »Mein Partner liebt mich, aber es kann immer etwas geschehen, das unsere Liebe erschüttert.« Dieser Schritt ist sehr schmerzlich, weil er uns aus unserem bisherigen Paradies der Sicherheit katapultiert. Um den Schmerz zu vermeiden, halten wir an dem alten Grundsatz fest und negieren, was passiert ist, indem wir uns den Seitensprung schönreden. Wir biegen die Situation so hin, dass sie wieder in unser Wertesystem passt. Das erscheint uns oftmals angenehmer, als die Erschütterung zu erleben. Sie endet nämlich nicht selten in einer Verbitterungsstörung, wenn das Ereignis nicht bewältigt werden kann.

Der Arzt und Psychologe Michael Linden[12] beschreibt die posttraumatische Verbitterungsstörung als Reaktion auf einschneidende Lebensereignisse, mit denen ein Mensch nicht fertig wird. Das Leitsymptom ist die Verbitterung, die daraus resultiert, dass die Betreffenden das Erlebte nicht verarbeiten und überwinden können. Diese Menschen sind depressiv, ziehen sich aus allen sozialen Bezügen zurück, denken oft an Selbstmord oder haben psychosomatische Beschwerden. Ihr Fühlen, Denken und Verhalten ist geprägt von starren Regeln und Wertvorstellungen, die durch das Ereignis erschüttert wurden. Baut das Leben beispielsweise auf der Maxime auf, dass man immer ehrlich sein muss, dann ist Lüge und Betrug durch einen nahestehenden Menschen eine solche Erschütterung, die nie wiedergutgemacht werden kann.

Die Krankheit weitet sich auch in andere Lebensbereiche in zerstörerischer Weise aus, wobei die Symptome von Selbstzweifel, Appetitlosigkeit, Depressionen, Phobien und Aggressionen bis hin zu Selbstmordgedanken reichen. Viele Betroffene vereinsamen und gehen nicht einmal mehr auf die Straße. Die Verbitterung kann dabei auch den Charakter einer Bestrafung des Aggressors haben nach dem Motto: »Sieh, was du mir angetan hast.« Das erklärt die Selbstzerstörung und die ausgeprägten aggressiven Fantasien und Handlungen in Form von Suiziden oder erweiterten Suiziden (Selbstmorde in Kombination mit der Tötung Dritter).

Gudruns Symptomatik spricht für eine beginnende Verbitterungsstörung. Für sie sind Loyalität und voller Einsatz für den Arbeitgeber ein zentraler Wert, und nun musste sie erleben, dass sie entbehrlich ist und ihr jahrzehntelanger Einsatz nicht gewürdigt wurde. Und in der Beziehung ist Treue und Verbindlichkeit die Basis des Zusammenseins. Durch die neue Freundin wird diese Basis zerstört. Die Verbitterungsstörung geht über das Maß einer Kränkung hinaus, da die Betroffenen kaum fähig sind, sich von dem Ereignis zu distanzieren. Es ist eine psychische Erkrankung, bei der nicht erkannt wird, dass es sich um eine Veränderung handelt, sondern das Ereignis nur als Zerstörung und Vernichtung erlebt wird. Liegt der Verbitterungsstörung zudem ein unverarbeitetes traumatisches Erlebnis zugrunde, dann fällt die Reaktion umso stärker aus.

Karla erlebte einen solchen Einbruch in ihr bisheriges Leben, als neue Mitbewohner in ihr Haus zogen. Für sie war die Wohnung immer ein ganz besonderer Ort der Sicherheit und Geborgenheit. »Meine Wohnung ist mein sicherer Rückzugsort« war ihre Lebensmaxime. Das galt so lange, wie sie in Frieden dort wohnen konnte. Mit den neuen Mietern war plötzlich nichts mehr sicher, denn sie lärmten im Hausflur und in der Wohnung, drehten das Radio laut auf und wirkten sehr aggressiv. Es war ein Einbruch in ihr Leben, in ihren Intimraum. Sie überlegte ernsthaft auszuziehen. »Ich halte das nicht aus«, wurde ihre neue Grundüberzeugung, die ja keinen Ausweg als das Weglaufen lässt. Sie wehrte sich mit Händen und Füßen gegen die Veränderung und war verzweifelt, weil sie sich ausmalte, wie es zukünftig werden würde. Permanente Feste, laute Stimmen, Musik und kein Rückzugsraum mehr. Ihre Verzweiflung war enorm, sie merkte jedoch sehr bald, dass diese Gedanken ihre Angst noch größer machten.

Bliebe sie an diesem Punkt stehen, könnte es zu einer Verbitterungsstörung kommen. Sie nahm aber die Chance wahr, sich psychologische Hilfe zu holen und an diesem Problem zu arbeiten. Einerseits war es wichtig, das permanent überhöhte Erregungsniveau durch die ständig vorhandene Panik zu senken und dadurch eine innere Stabilität zu entwickeln. Andererseits ging es darum, die Situation zu akzeptieren und zu lernen, sich zu wehren und abzugrenzen. Je stärker sie sich innerlich fühlte, umso mehr gelang es ihr, Kontakt zu den neuen Mietern herzustellen und einen einvernehmlichen Kompromiss über die Umgangsformen im Hause auszuhandeln.

Das Labyrinth als Lebensweg

Im Klostergarten in Steingaden befindet sich in der Mitte ein großes Labyrinth aus Steinen. Beginnt man, die mit Kies ausgelegten Wege abzulaufen, wird man schnell gebremst. Es dauert nicht lange, und es liegt ein Hindernis im Weg, das einen zwingt, anzuhalten und sich umzuschauen, wo und wie es weitergeht. Das Labyrinth ist ein uraltes Symbol, das sich durch die

Geschichte der Menschheit zieht und auch als Metapher für das Leben begriffen wird. Wir laufen los mit viel Vertrauen und ohne Sorge, bis wir durch äußere Umstände ausgebremst werden. Das sind jene Zeiten im Leben, in denen wir innehalten und entweder die Hindernisse aus dem Weg räumen oder eine neue Richtung einschlagen müssen. Es sind die Wendepunkte, die uns stagnieren oder kreativ werden lassen. Im Durchschreiten des Labyrinths sind diese Stellen frustrierend, da wir das Ziel, die Mitte des Labyrinths, vor Augen haben, aber es nicht gleich erreichen können. Der Umgang mit diesem Frust zeigt den Grad der eigenen Flexibilität. Leicht kränkbare Menschen werden an diesen Stellen resignieren, alles hinschmeißen und dem Leben oder anderen Menschen die Schuld dafür geben, dass sie nicht weiterkommen. Ihnen fehlt die innere Motivation, Schwierigkeiten zu bewältigen und sie nicht nur als Hindernis zu sehen, sondern als Herausforderung. Indem sie in ihrer Enttäuschung stecken bleiben, fehlt ihnen die Energie für die Neuorientierung.

Auf der Infotafel im Klostergarten Sankt Johannes in Steingaden steht es so beschrieben: »Das gotische Labyrinth mit fünf Umgängen ist wesentliches spirituelles Element des Klostergartens Sankt Johannes in Steingaden. Die Kreuzbalken, die für all die Situationen stehen, die unser Leben durchkreuzen, zwingen im Labyrinth wie auch im Leben immer wieder zur Richtungsänderung. Besonders auch diese Zeiten gehören zum Leben. Alle Erfahrungen gilt es im Leben harmonisch zu integrieren, um im Sinne von umfassender Ganzwerdung in der Mitte ankommen zu können.«

Im Labyrinth erfahren wir augenscheinlich, was wir zwar wissen, aber ungern zulassen. Dass nämlich unser Lebensweg nicht geradlinig, sondern von vielen Hindernissen und Kehrtwendungen gezeichnet ist. Wir begegnen in unserem Leben sowohl glücklichen und erfreulichen Ereignissen wie einer Geburt, dem Erfolg, der erfüllten Liebe und Gemeinsamkeit. Wir müssen uns aber genauso mit dem Tod auseinandersetzen, mit Krankheit, dem Verlassenwerden, Misserfolgen, Trennungen und seelischen Abstürzen. In diesen Zeiten sehen wir oftmals das Ziel, unsere Mitte, nicht mehr vor Augen und laufen Gefahr, uns zu verirren. Dann ist es umso wichtiger, sich wieder auf sich selbst zu besinnen und den Kontakt zu sich herzustellen. Die Hemmnisse auf dem Weg können uns helfen, unser Leben und unsere Vorhaben neu zu betrachten und zu entscheiden, ob der von uns eingeschlagene Weg wirklich der ist, der zum Ziel führt.

Die Tatsache, dass wir uns selbst im Labyrinth und im Leben nicht ausweichen können, zwingt uns, uns mit uns selbst und unserem Leben auseinanderzusetzen. Auch das klassische Labyrinth hat zum Ziel, über den labyrinthischen Gang zu sich selbst zu kommen. Wenn der Mensch das Labyrinth wieder verlässt, hat er sich gefunden. Heute wird das Labyrinth zu meditativen und therapeutischen Zwecken genutzt.

Das Ende des Labyrinths ist die Mitte, unsere Mitte, in der wir unsere Kraft und Selbsterkenntnis finden, aber auch unserem Schatten und unserer Angst begegnen. Durch diese Konfrontation findet der Wandel statt. Das unterscheidet das Labyrinth vom Irrgarten, der aus Abzweigungen, Sackgassen und Wegeschleifen besteht und einen in die Irre führen will. Durch ein Labyrinth führt nur ein Weg, der über verschiedene Windungen zur Mitte führt. Bernadette Fröch[13], die diplomierte Gesundheits- und Krankenschwester, setzt das Labyrinth im Rahmen der Trauerarbeit ein und nennt es einen symbolischen Weg der Verwandlung.

Wandel bringt Konflikte

Jede Veränderung bedingt einen Konflikt, wenn unterschiedliche Meinungen, Bedürfnisse und Interessen aufeinandertreffen. Das kann zwischen zwei Menschen geschehen ebenso wie zwischen Gruppen, Organisationen und Ländern. Werden beispielsweise Vereinbarungen aufgekündigt, wie derzeit durch die amerikanische Regierung, dann bedeutet es einen massiven Interessenkonflikt zwischen den betroffenen Staaten und den USA. Durch die veränderte Situation werden Eigeninteressen verletzt, und es kommt zum Schlagabtausch.

Ein Konflikt ist an sich nichts Schlimmes, da er Bestandteil eines jeden sozialen Kontakts ist. Das Problem ist weniger der Konflikt an sich als mehr die Art und Weise, wie Menschen mit ihm umgehen. Im besten Fall suchen sie gemeinsam nach einer Lösung und schließen einen Kompromiss, der die Wünsche beider Parteien berücksichtigt und bei dem jeder in seinem Rahmen Verzicht leistet. So wie es bei Karla und ihren Nachbarn war. Gelingt die Einigung nicht, kommt es zu Machtkämpfen, die nur einen Sieger und einen Verlierer zulassen. Es werden Drohungen ausgesprochen, die nicht selten in juristischen Auseinandersetzungen enden: »Wenn der andere nicht auf meine Bedingungen eingeht, dann …« Oder man betont sein Recht, was in Rechthaberei mündet.

Der andere wird entwertet und beschimpft oder sogar beleidigt und verbal oder körperlich attackiert. Findet sich keine einvernehmliche Lösung, kann der Konflikt eskalieren. Ein Dialog wird zur harten Auseinandersetzung, in der die Emotionen hochkochen, vor allem Empörung, Wut und Verachtung bis zum Hass. Aus Personen werden Gegner, die sich angreifen und verletzen, bis sie sich am Ende gegenseitig vernichten wollen.

In diesem Fall rückt der Inhalt immer mehr in den Hintergrund und der Streit oder der Krieg ins Zentrum des Interesses.

Häufig verhindern Angst, Wut und Kränkungsgefühle sowie Machtstreben und Rechthaberei eine Kompromisslösung. Am Ende gibt es nur Verlierer, und die Wandlung zum Guten bleibt auf der Strecke.

Wandel beginnt in uns

Nicht immer kommt der Anstoß für eine Veränderung durch äußere Ereignisse. Mitunter kommt der Wunsch nach etwas Neuem aus uns selbst. Wir sind unzufrieden mit unserem Leben, denn wir haben das Gefühl, nicht das zu verwirklichen, was uns vorschwebt. »Eigentlich« wollten wir ja einen ganz anderen Beruf ergreifen, haben uns dann aber doch dafür entschieden, in die Fußstapfen des Vaters oder der Mutter zu treten. Als wir unsere Vorstellung damals aufgaben, wirkte es einfach und risikolos, heute jedoch befürchten wir, etwas Wichtiges verpasst zu haben. Es gibt viele Geschichten von Menschen, die auch in späterem Alter noch einmal einen Neuanfang starten und alle damit verbundenen Eventualitäten auf sich nehmen. Nicht immer gelingt dieser Schritt, doch wenn, dann kann daraus ein sehr erfülltes Leben werden.

Das Gefühl von Unzufriedenheit, von Leere oder auch von Depression können Anzeichen dafür sein, dass uns etwas fehlt. Dass wir in unserem Leben nicht das verwirklicht haben oder verwirklichen konnten, was uns erfüllt und glücklich macht. Darüber können wir gekränkt sein und uns beklagen, also unsere Unzufriedenheit noch steigern. Wir können das Unwohlsein aber auch – in Analogie zum Labyrinth – zum Anlass nehmen, einmal anzuhalten und uns zu besinnen. Allein dieser Schritt kann schon eine Erleichterung bedeuten, auch wenn wir nicht alle unsere Wünsche erfüllen können. Doch statt sie zu verdrängen oder für nichtig zu erklären, ist es besser, sich einzugestehen, dass bestimmte Dinge im Leben nicht verwirklicht werden können. Die damit verbundene Trauer ist ehrlicher als die Verleugnung und daher für unsere Seele weniger belastend.

Sehr häufig tendieren Menschen jedoch dazu, ihre Unzufriedenheit mit widrigen Gegebenheiten zu erklären. Sie fangen an, die Lösung im Außen zu suchen, indem sie beispielsweise den Wohnort wechseln, auswandern, sich trennen und eine neue Beziehung eingehen. Die Hoffnung besteht darin, dass sie dadurch wieder Glück und Zufriedenheit finden. Nicht selten stellt sich jedoch heraus, dass sie die emotionalen Schwierigkeiten, unter denen sie vorher schon gelitten haben, in die neue Situation mit hineinnehmen und sich im Grunde an ihrer Belastung nichts verändert. Der Frust ist dann umso größer und ein gutes Ende nicht in Sicht.

Wo immer wir sind, wir nehmen uns mit, und das, was uns ausmacht. Das Fliehen vor Problemen ist selten eine gute Lösung, da die Ursachen für viele Schwierigkeiten in uns selbst liegen. In diesem Fall brauchen wir Mut, uns zu begegnen und unsere Probleme zu bearbeiten.

Es gibt jedoch auch positive Motivationen, die uns anstoßen, unser Leben neu zu gestalten. Wir haben eine Idee, die wir unbedingt verwirklichen möchten, oder ein Ziel, zu dem hin wir einen neuen Weg einschlagen. Gerade in Umbruchzeiten kann diese Motivation sehr deutlich werden. Haben wir das Studium beendet, dann sind wir auf der Suche nach einer Tätigkeit, die uns erfüllt. Oftmals liegt sie nicht vor der Haustür, und so gilt es, sich aufzumachen und sie zu finden. Oder wenn die Kinder aus dem Haus sind, gibt es neue Möglichkeiten, die Partnerschaft zu gestalten und die freie Zeit mit Hobbys oder anderen interessanten Dingen zu füllen. Auch der Eintritt ins Rentenalter muss nicht bedeuten, untätig zu Hause zu sitzen und auf das Ende zu warten, sondern die noch verbleibende Zeit so zu nutzen, dass sie erfüllt und Freude bringt. Wir können uns aufmachen, das zu verwirklichen, was wir ein Leben lang hintangestellt haben. Sehr häufig sind es kreative und körperliche Ausdrucksformen, die bisher hinter der beruflichen Aktivität zurückstehen mussten. Es ist ein großer Gewinn, sich ihnen jetzt widmen zu können.

Ein dritter Bereich für eine innere Motivation zur Veränderung liegt in dem Wandel unserer Einstellungen und Werte. Sie entwickeln sich im Laufe des Lebens, und wenn wir nicht darauf reagieren, dann leben wir an ihnen vorbei. Viele Patienten haben mir erzählt, dass sie das Gefühl haben, ein falsches Leben zu leben, da sie übernommene Ziele anstreben und nach Werten handeln, die sie aus der Familie kennen. Sie spüren, dass sie sich dadurch selbst an einem erfüllten Leben hindern, haben aber wenig Vertrauen, auf die eigene Stimme zu hören. Es ist, als lägen sie im Kampf zwischen den elterlichen Botschaften und dem eigenen inneren Bedürfnis. Die frühen Prägungen können so stabil sein, dass allein bei der Idee, ihnen nicht mehr zu folgen, ein starkes Schuldgefühl entsteht, was sie dann wieder in das alte Muster zurückfallen lässt.

Um ein erfülltes Leben zu leben, ist es wichtig, auf die eigenen Wünsche zu hören und darauf zu vertrauen, dass es richtig ist, seine Vorstellungen vom Leben zu verwirklichen. Zusätzlich bedarf es der Kraft, diese Ideen und Wünsche umzusetzen und zielgerichtet zu handeln. Und es braucht Zeit, in der sich das Neue entwickeln kann. Vom Verstand her wissen wir oftmals, was gut für uns wäre, und wollen uns schnell verändern. Unsere Seele aber braucht sehr viel länger, um neue Erfahrungen zu integrieren.

Das Paradox der Veränderung

Einsicht allein reicht nicht, um eine Veränderung in unserem Verhalten oder Fühlen zu bewirken. »Einsicht ist der erste Schritt zur Besserung«, heißt es im Volksmund. Das ist wahr, es ist der erste Schritt, aber eben nur der erste. Eine dauerhafte Veränderung tritt erst dann ein, wenn wir nicht nur verstehen, sondern das Verstandene auch fühlen. Eine ganzheitliche Veränderung ist nicht per Kopfentscheidung herbeizuführen, sie ist im Grunde auch nicht willentlich machbar. Im Gegenteil, sie gelingt erst dann, wenn wir bewusst erleben, wer wir sind, und nicht, wenn wir versuchen, etwas zu werden, was wir nicht sind. Das klingt nicht nur paradox, es ist ein Paradox. Es bedeutet nämlich, dass wir uns erst dann wandeln, wenn wir zulassen, das zu sein, was wir sind, und wenn wir uns voll und ganz auf unser gegenwärtiges Sein einlassen.

Sind wir gekränkt, dann können wir uns sagen, dass es besser wäre, cool und gelassen zu reagieren. Die Kränkungsgefühle aber bleiben und werden nur verdrängt. Bei der nächsten Gelegenheit reagieren wir wieder »uncool« und ärgern uns, dass wir immer noch so verletzbar sind. Besser ist es, unsere Angst, Wut, Scham und unseren Schmerz zu spüren und auszudrücken, die mit der Kränkung verbunden sind. Damit sind wir einen großen Schritt weiter, weil wir verstehen können, aus welchen wunden Punkten diese Gefühle resultieren, die zum jetzigen Zeitpunkt jedoch unangemessen sind. Wir verdrängen unsere Gefühle nicht, sondern nutzen sie, weil sie uns den Weg zu alten Verletzungen weisen, die unsere Aufmerksamkeit brauchen, um zu heilen.

Der Veränderungsprozess beruht auf den folgenden fünf Annahmen.

1. Veränderung heißt nicht, anders zu werden als Sie sind

Anders zu werden als Sie sind, können Sie gar nicht, denn Sie sind nun einmal die Person, die Sie sind. Was Sie allerdings tun können ist, diese Person vollständig zu werden, so zu sein, wie Sie in der Gänze sind. Und das ist das Wesentliche an der Veränderung.

Wenn Sie in Veränderungssituationen weniger gekränkt reagieren wollen, würde ich Sie in der Beratung oder Therapie auffordern, mich anzusehen und langsam zu sagen: »Ich bin ein kränkbarer Mensch.« Sie wiederholen diesen Satz zwei-, dreimal und spüren, welche Gefühle er in Ihnen auslöst. Das wird Ihnen vielleicht schwerfallen, weil Sie ja Ihre Kränkungsneigung ablehnen und nicht mehr so verletzbar sein wollen. Wenn Sie sich aber nicht gegen Ihre Gefühle wehren, dann werden Sie erleben, wie Sie möglicherweise traurig werden oder wütend oder sich schämen, diese Seite von sich zu zeigen. Sie kommen dadurch in einen intensiven Kontakt mit sich selbst, und darin liegt die Veränderung. Sie müssen nicht mehr Ihre Gekränktheit wegdrängen oder sich »cool« geben, sondern Sie nehmen sie als einen Teil von sich an. Und indem Sie das tun, verändern Sie sich, denn Sie hören auf, sich selbst zu bekämpfen. Das fördert Ihre Selbstakzeptanz, Ihr Verständnis und Ihr Mitgefühl für Sie selbst. Die Selbstannahme wirkt sich stärkend auf Ihr Selbstwertgefühl aus und reduziert automatisch Ihre Kränkbarkeit.

2. Der Weg der Veränderung geht über Erleben und Selbstannahme

Unser Problem ist, dass wir uns Vorstellungen davon machen, wie wir zu sein haben, unabhängig davon, ob es uns entspricht oder nicht. Wenn wir beispielsweise von uns fordern, nicht gekränkt zu sein, es aber doch sind, dann laufen wir Gefahr, uns dafür abzuwerten und uns Vorwürfe zu machen. Dadurch wird unsere Gekränktheit sogar noch größer statt weniger. Wenn wir aber mit uns selbst in Berührung kommen, fangen wir an, innerlich zu wachsen und unsere abgelehnten Seiten zu integrieren.

Veränderung beruht also auf dem Erleben und dem daraus sich entwickelnden Verständnis für sich selbst. Wenn Sie erleben, wie es sich anfühlt, ein gekränkter Mensch zu sein, wie viel Verzweiflung, Einsamkeit und Traurigkeit damit verbunden sind, dann werden Sie Ihre Kränkung mit neuen Augen sehen.

Veränderung geschieht dadurch, dass wir die Dinge so wahrnehmen und akzeptieren, wie sie sind. Dadurch entwickeln wir mehr Bewusstheit für uns. Die vermeiden wir meist, weil es uns unangenehm ist, Eigenheiten wahrzunehmen, die wir abstoßend finden. Wir verlieren uns lieber darin, anders zu sein, so zu sein, wie wir sein möchten. So formuliert es auch der Gestalttherapeut Werner Bock: »Natürlich neigen ... die meisten Menschen dazu, die Bewusstheit zu vermeiden, wenn das, was im Moment in ihnen vorgeht, unangenehm ist. Sie träumen dann lieber davon, wie sie sein möchten, oder quälen sich mit Selbstvorwürfen dafür, dass sie noch nicht so sind, wie sie gerne wären.«[14] Mehr Bewusstheit für uns bedeutet zugleich mehr Selbstannahme. Statt uns erst dann zu akzeptieren, wenn wir weniger kränkbar sind, können wir uns schon heute wertschätzen.

3. Solange man ein Symptom bekämpft, wird es schlimmer

»Solange man ein Symptom bekämpft, wird es schlimmer« ist ein wesentliches Prinzip in der Gestalttherapie. In dem Maß, in dem man mit aller Kraft versucht, seine Symptome »wegzumachen«, verfestigen sie sich. Jemand, der aufgeregt ist und sich krampfhaft bemüht, es nicht zu sein, wird seine Spannung nicht los, sondern bekommt Magenkrämpfe, Herzrasen oder Zittern am ganzen Körper. In dem Moment, in dem er jedoch seine Aufgeregtheit »da sein« lässt, sie registriert, wenn möglich noch ruhig und bewusst atmet und sie sich und anderen gegenüber eingesteht, wird sie anfänglich vielleicht etwas stärker, in der Folge kehrt jedoch Entspannung ein und auf diesem Wege eine Verringerung der Aufregung.

Wir können ungewollte und unterdrückte Gefühle mit kleinen Kindern vergleichen. Wollen wir sie loswerden, weil wir unsere Ruhe brauchen, dann werden wir sie immer mehr provozieren. Sie spüren, dass sie unerwünscht sind, und versuchen, mit allen Mitteln unsere Aufmerksamkeit zu bekommen. Erst wenn wir uns ihnen zuwenden, verändert sich das aufdringliche Verhalten. Ähnlich ist es mit unseren Gefühlen und Gedanken. Je mehr wir sie unterdrücken, umso heftiger versuchen sie, an die Oberfläche zu kommen, und verstärken das Leiden und das Symptom. Lassen wir sie aber zu und akzeptieren sie als Gegebenheit, dann reduziert sich der Druck, und wir können leichter mit ihnen umgehen.

4. Das Ziel der Veränderung ist Ganzheit

Arnold Beisser[15] beschreibt den Veränderungsprozess als Zwiespalt zwischen zwei sich widersprechenden Bestrebungen: zwischen dem, wie man meint, sein zu sollen, und dem, wie man glaubt zu sein. Dabei ist man nie ganz mit einer der beiden Seiten identifiziert, sondern springt immer hin und her. Erst wenn man es schafft, sowohl mit der einen als auch mit der anderen Seite in Kontakt zu kommen, wird man vollständig. Das bedeutet Ganzheit.

Für einen kränkbaren Menschen hieße das, dass er auf der einen Seite spürt, wie empfindlich und verletzbar er ist, und dass er sich auf der anderen Seite antreibt, stark und selbstbewusst zu sein, damit ihm keiner etwas anhaben kann. Er wird sich zwingen, nach außen hin Stärke zu demonstrieren, um seine innere Verletzlichkeit vor anderen und sich selbst zu verbergen. Beide Seiten repräsentieren unterschiedliche Teile seines Selbst. Der Mensch fühlt sich zerrissen zwischen Verletzlichkeit und Stärke und ist nicht im Gleichgewicht, weil er nur die starke Seite akzeptiert und die Verletzlichkeit abwehrt. Verändern würde er sich, wenn er sich sowohl mit seiner Verletzlichkeit als auch mit seiner Stärke identifiziert und erleben könnte, dass beides zu ihm gehört, dass er beides leben darf, dass seine Empfindlichkeit nicht etwas ist, das er unter allen Umständen niederhalten muss, und seine Stärke nicht das Einzige ist, was er zeigen darf. Auf diese Weise würde er auch sein Bild von sich als kränkbarer Mensch verändern, denn er würde erfahren, dass er jemand ist, der einmal verletzt reagiert, sich das andere Mal aber selbstbewusst wehren kann. Und das macht einen ganzen Menschen aus ihm, der integriert und vollständig ist.

Das bedeutet, dass man sich verändert, wenn man vollständig so wird, wie man ist. Diesen Ansatz bestätigt auch Arnold Beisser: »Die Erfahrung hat gezeigt, dass Integration eintritt, wenn der Klient sich mit den entfremdeten Fragmenten identifiziert. Folglich kann man anders werden, wenn man – vollständig – wird, was man ist.«[16]

5. Veränderung geschieht im Hier und Jetzt

Wie schon früher erwähnt, neigen wir häufig dazu, uns weniger auf den lebendigen Prozess einzulassen, als an dem Alten festzuhalten. Besonders dann, wenn das Alte für uns erstrebenswert und positiv war. Wir fantasieren uns dann eine negative Zukunft, weil das Alte verloren ist und das Neue nie mehr so gut werden kann. Wir hängen aber auch an dem Alten, nur um der unbekannten Zukunft auszuweichen. Beisser sagt: »Wenn nur die Wahl zwischen der veralteten Vergangenheit und der unbekannten Zukunft besteht, entscheiden sich viele für die Vergangenheit, auch wenn sie elend war.«[17] Die Entscheidung für das Alte bedeutet, im Schmerz und der Erinnerung zu bleiben, und zementiert das »gemütliche Elend«. Wenn wir uns dann auch noch die Zukunft schwarzmalen, ist unser Leid unausweichlich.

Die Lösung liegt daher in der Gegenwart, im Hier und Jetzt. Denn das Alte ist schon vorbei und das Zukünftige noch nicht da. Der Blick nach hinten oder nach vorne hindert uns, die Gegenwart als den Ort zu betrachten, an dem wir gerade leben und an dem wir Veränderung bewirken können. Das Alte ist nicht mehr veränderbar und die Zukunft können wir noch nicht beeinflussen. Wir können allerdings die Gegenwart gestalten und von ihr aus die Schritte planen und unternehmen, die uns neue Erlebnisräume eröffnen. Die Zufriedenheit und das Glück liegen weder in der Vergangenheit noch in der Zukunft, sondern einzig und allein im Augenblick.

Scheitern beschämt

Bei allen Veränderungen, seien sie nun aus uns heraus motiviert oder von außen auferlegt, schwingt immer die Angst vor dem Scheitern mit. Und dieses Risiko besteht natürlich wirklich. Geben wir eine sichere Stellung auf, um uns beruflich neu auszurichten, müssen wir eine gewisse Zeit durchstehen, bis das Neue sich etabliert hat, wenn es überhaupt gelingt. In diesem Prozess kann es viele Rückschläge und Misserfolge geben bis hin zur möglichen Aufgabe des neuen Projekts. Daher gilt für Unternehmen ebenso wie für Individuen, dass wir Scheitern einplanen und als notwendigen Bestandteil jedes Entwicklungsprozesses begreifen müssen. Nur dann können wir Misserfolgen den Schrecken nehmen.

Rückschläge sind insofern für die Entwicklung wichtig, als wir unsere Grenzen erweitern müssen, um sie zu überwinden. Scheitern bedeutet, unsere Ziele zu überprüfen und gegebenenfalls aufzugeben. Das ist zwar schmerzhaft und bewirkt zuerst eine zusätzliche Anstrengung, um die gesteckten Ziele doch noch zu erreichen. Schaffen wir das nicht, sind wir ärgerlich und später frustriert, lassen dann aber von unseren Projekten los, wenn wir merken, dass wir die eigenen Erwartungen nicht erfüllen können. Dann können wir entweder unsere Ansprüche etwas senken oder das Vorhaben loslassen und uns neu orientieren, statt unzufrieden und deprimiert zu sein.

Leider sind wir noch nicht so weit, denn Misserfolge werden immer noch vermieden oder auch verschwiegen, da sie mit viel Scham verbunden sind. »Wie stehe ich jetzt vor den anderen und vor mir selbst da?« Die Schamreaktion hat in dieser Situation zwei Wurzeln: die Angst vor der Entwertung durch die anderen und das Gefühl, dem eigenen Maßstab nicht gerecht geworden und hinter seinen Möglichkeiten geblieben zu sein.

Scham ist eine qualvolle Empfindung, sie trifft die Persönlichkeit und das Identitätsgefühl eines Menschen. Sie löst Empfindungen der Herabwürdigung, Demütigung und Unzulänglichkeit aus und das Gefühl, bloßgestellt zu sein. Unangenehm ist, dass man gegen Scham nichts tun kann, man ist ihr unentrinnbar ausgeliefert. Kein Wunder, dass sich Menschen deshalb mit aller Kraft bemühen, Misserfolge zu verbergen oder ganz zu vermeiden. Dazu verhilft auch, im Gewohnten zu bleiben, auch wenn sie sich darin nicht mehr heimisch fühlen. Das tun sie, um sich nicht schämen zu müssen, falls der Erfolg ausbleibt. Unterlassen sie aber Schritte ins Neue, nur um nicht zu scheitern, bringen sie sich um wertvolle Erfahrungen und um den Gewinn.

Neben Schamgefühlen kennen wir auch die Verlegenheit oder Peinlichkeit, die ein Ausdruck von Scham sein kann, aber nicht sein muss. Verlegen kann ein Mensch dann sein, wenn er etwas erlebt, das seinem Selbstbild nicht entspricht. Wer kennt nicht die Verlegenheit, wenn er groß beschenkt oder hochgelobt wird? Auf der einen Seite hat man Mühe, das Positive anzunehmen, auf der anderen schwingen Lust und Stolz mit. Deshalb nennt der Gestalttherapeut Erving Polster[18] die Verlegenheit auch »geronnene Freude«. Diese Form der Verlegenheit können wir für unsere Entwicklung positiv nutzen, da sie anzeigt, dass wir an eine Grenze von uns gestoßen sind, an der wir etwas Neues erleben und uns zu eigen machen können. Statt die Anerkennung abzuweisen, lassen wir die Verlegenheit zu und halten die Aufregung aus. Das ist die Chance, Lob und Positives in uns aufzunehmen und in unser Selbstbild zu integrieren. Eine wunderbare innere Wandlung nimmt damit ihren Anfang.

Aus Fehlern lernen?

Um an Niederlagen nicht zu zerbrechen, sondern sie sogar positiv für uns zu nutzen, kommt es darauf an, wie wir mit ihnen umgehen. Dazu hilft uns das Bewusstsein, dass zum Erfolg auch das Scheitern gehört, da alles in uns polar angelegt ist. Lassen wir diesen Gedanken zu, dass zu allem Erleben auch immer das Gegenteil gehört, wird es leichter, Niederlagen zu akzeptieren. Sie sind sozusagen der Gegenpol zum Erfolg. Umgekehrt heißt es: Wo kein Erfolg, da auch keine Niederlagen. Wer nichts wagt, kann auch nichts verlieren.

In der Arbeitswelt zeigt sich allerdings eine stetig wachsende Intoleranz gegenüber Fehlern. Burnout ist als Symptom der

Zeit Ausdruck eines immer stärker werdenden Leistungsdrucks. Die Angst, den Job zu verlieren, wenn der Output nicht stimmt, ist hoch. Angst und Druck aber führen ihrerseits zu mehr Fehlern, was zu einem unausweichlichen Teufelskreis werden kann. Wir brauchen dagegen eine angemessene Fehlerkultur, um die Kreativität nicht zu hemmen und Neues auszuprobieren. Beides beinhaltet das Risiko zu scheitern, gehört aber zur Weiterentwicklung dazu.

In Organisationen werden daher sogenannte Scheiterkonferenzen etabliert, die für einen besseren Umgang mit Niederlagen sorgen sollen. Man will Tage des Scheiterns einführen, und Bücher über konstruktives Scheitern erobern die Buchmärkte. Dahinter steht die Botschaft, dass man aus Fehlern lernen kann. Allerdings zeigen Untersuchungen, dass Firmenchefs, wenn sie gescheitert sind, hinterher nicht schlauer sind als vorher. Die Tatsache, dass wir nicht automatisch aus Fehlern lernen können, zwingt uns zu der Erkenntnis, dass wir uns noch intensiver mit unserem Tun auseinandersetzen müssen. Wir lernen nur dann aus Fehlern, wenn wir begreifen, dass wir ständig immer wieder neu lernen müssen. Wir werden Niederlagen nicht ausrotten können, aber wir können wachsam sein für unser Tun und es ständig an neue Bedingungen anpassen. Die Vorstellung, alles immer richtig zu machen, ist eine grandios-narzisstische Illusion, der wir nicht erliegen sollten. Denn nach jedem Höhenflug kommt der Absturz.

Besonders schmerzhaft ist am Scheitern die Tatsache, dass wir von anderen dafür entwertet oder verhöhnt werden. Aus dieser Verunsicherung heraus steigt normalerweise die Fehlerzahl noch an. Eine Arbeitssituation dagegen, in der über Fehler gesprochen werden kann, ohne dass der Verursacher verurteilt wird, schafft zum einen Vertrauen, Fehler einzugestehen, zum anderen ermöglicht es das Aufdecken von organisatorischen

Ungereimtheiten, die die Fehlerquote begünstigen. Erst dann können Schwachstellen effektiv behoben werden, um dieselben Fehler beim nächsten Mal zu verhindern. Und je früher dieser Prozess beginnt, umso effektiver ist das für die Organisation.

Auch wir selbst neigen dazu, uns zu beschimpfen und zum Versager zu stempeln, sobald bei uns etwas schiefläuft. Einen Lernerfolg werden wir dadurch nicht haben, da wir durch Bestrafung oder deren Androhung nicht lernen. Die Selbstabwertung wirkt wie eine Selbstbestrafung, untergräbt unseren Selbstwert und mindert unser Lernergebnis. Halten wir uns lieber an das Motto von Schauspieler Matthias Brandt, der alles Wesentliche durch das Scheitern gelernt habe. Denn wer sagt, dass das, was nicht gelingt, wertlos sei?

Noch dazu muss sich jeder fragen, was für ihn Erfolg und Misserfolg ist. Das ist gar nicht so einfach zu entscheiden, denn das Versagen des einen kann für den anderen Erfolg bedeuten, je nachdem, welchen Anspruch man an seine Leistung legt und welcher Standard gefordert wird. Eine Drei im Zeugnis in Mathe ist für den Schüler A eine positive Sensation, für den Mathefreak eine komplette Niederlage. Unsere Vorstellungen davon, was wir schaffen sollen, entscheiden daher über Erfolg und Misserfolg. Niederlagen können wir folglich positiv für uns nutzen, indem wir unangemessene Ansprüche an uns herunterschrauben und die Leistungsanforderung unseren Möglichkeiten anpassen.

Die Beurteilung von Erfolg hängt auch davon ab, welche Ursachen man dem guten Ergebnis zugrunde legt. Menschen, die sich als Versager sehen, schreiben alle Misserfolge der eigenen Dummheit zu, ihre Erfolge jedoch dem Zufall oder der Einfachheit der Aufgabe. Auf diese Weise bringen sie sich um jeden Erfolg und schwächen ihr Selbstbild und ihre Leistungsfähigkeit. Eine solche Einstellung bedarf der Korrektur, mit dem Ziel, Erfolge der eigenen Fähigkeit und Anstrengung zu-

zuschreiben und für Niederlagen auch äußere Faktoren anzunehmen. Wir können nur so gut sein, wie es die Bedingungen, unter denen wir leisten und arbeiten, es zulassen. Für eine gute musikalische Darbietung braucht es neben dem Können ein gestimmtes Instrument und für die Ausarbeitung eines Textes das notwendige Wissen, aber auch die relevanten Daten.

Selbstwirksame Menschen gehen davon aus, dass ihr Einsatz und ihre Anstrengung zu einem erfolgreichen Ziel führen können. Sie erkennen, wo ihre Stärken und ihre Schwächen liegen, und werten sich nicht pauschal als Versager ab oder als Überflieger auf. Dadurch vermeiden sie einerseits unnötige Misserfolge und können zugleich mehr Profit aus ihren Fehlern ziehen.

Ein nepalesisches Sprichwort lautet: »Wem nichts zu schwer ist, dem gelingt alles.«

Neugier: die Lust auf Neues

Der Prozess des Wandels ist nicht nur mit Angst und Unsicherheit verbunden, sondern auch mit der Gegenseite: der Neugier. Wir Menschen brauchen Abwechslung und Stimulation, um uns gut zu fühlen. Sei es, dass wir nicht jeden Sommer an denselben Ort fahren, sondern Lust haben, die Welt zu erobern. Wir kennen alle die Schmetterlinge im Bauch, wenn es darum geht, unseren europäischen Kontinent zu verlassen und uns beispielsweise nach Asien aufzumachen. Hier wandern Angst und Neugier miteinander. Würden wir der Angst folgen, würden wir nichts Neues erleben, wenn wir aber die Neugier dazunehmen, wird es uns möglich, unsere Grenzen auszutesten und persönlich zu wachsen.

Jeder von uns hat individuelle Bereiche, in denen die Neugier größer ist als die Angst. Die einen brauchen immer wieder neue Impulse für ihre Arbeit, weil es ihnen sonst zu langweilig wird. Die anderen sind ständig auf der Suche nach spannenden Kontakten, um Anregungen und Ideen zu gewinnen. Andere räumen ihre Wohnung in gewissen Abständen um, die anderen wechseln regelmäßig nach drei Jahren den Wohnort. Wer es besonders aufregend braucht, sucht sich eine Extremsportart.

Die Abwechslung befriedigt unser Bedürfnis nach Stimulation und nach Erweiterung unserer emotionalen und körperlichen Grenzen. Ständige Gleichförmigkeit kann zu Stagnation führen, die häufig mit dem Gefühl der Unzufriedenheit verbunden ist.

Neugier dagegen bedeutet Aufbruch und Lust auf Neues. Wenn wir aufbrechen, dann sind wir nicht passiv ausgeliefert, sondern machen uns aktiv auf den Weg. »Lasst uns aufbrechen« bedeutet so viel wie: »Steht auf und kommt mit. Bleibt nicht im Alten sitzen, sondern öffnet euch für einen neuen Weg.« Mit Aufbruch ist die Kraft verbunden, etwas anzupacken, etwas hinter sich zu lassen und etwas Neues zu gestalten. Im Aufbruch stecken Dynamik und Energie und der Anspruch, den viel zu lange dauernden Stillstand zu beenden. Viele Menschen werden depressiv oder unzufrieden, weil sich nichts in ihrem Leben verändert. Alles läuft im gewohnten, beruhigenden Rhythmus, doch es fehlt etwas, worauf sie ihre Energie richten können. Aufbruch heißt hinschauen und sich bewusst werden, was uns daran hindert, ein erfülltes Leben zu leben. Dazu brauchen die Menschen Mut, denn es heißt in der Konsequenz, das eigene Leben und Verhalten infrage zu stellen und zu verändern. Vielleicht erfüllt die Arbeit nicht mehr oder die langjährige Beziehung ist nicht mehr lebendig. Es dabei zu belassen, erscheint als der einfachere Weg, aber der Preis ist hoch, nämlich der Verlust an Lebensfreude und Zufriedenheit. Sind sie dagegen neugierig, was das Leben alles noch zu bieten hat, dann schaffen sie es, den Aufbruch zu wagen. Neugier ist eine Antriebskraft, eine Motivation, nach vorne zu gehen und sich von altem Ballast zu befreien. In dem Spielfilm »Kirschblüten – Hanami« entdeckt der Ehemann nach dem Tod seiner Frau deren Vorliebe für den japanischen Butoh-Tanz, den sie ihm zuliebe aufgegeben hat. Indem er diesem unerfüllten Wunsch seiner Frau folgt, bricht er auf in eine neue Dimension, die ihm in seinem engen Leben verstellt war. Dadurch findet er auch einen bisher nicht gelebten Teil von sich selbst, der es ihm möglich macht, etwas Neues und Befriedigendes zu erleben und in Frieden zu sterben.

Indem wir in etwas Neues aufbrechen, verändern wir nicht nur die äußere Form unseres Lebens, sondern auch unser Inneres. Wir entdecken Seiten in uns, die bisher nicht gelebt wurden und die uns immens bereichern können. Das ist auch das, was das Pilgern zum Ziel hat: Hindernisse aus dem Weg zu räumen, die unser Leben einschränken, und unsere Fähigkeit zu stärken, ungelebte Seiten von uns aufzudecken.

Pilgern ist eine Auszeit, in der man den Alltag loslässt. Man folgt einem vorgeschriebenen Weg und verlässt für diese Zeit seine gewohnte Komfortzone. Das allein hat schon eine Wirkung, weil die Gewohnheiten, die eine Wandlung verhindern, unterlaufen werden. Man lässt sich auf eine teilweise sehr beschwerliche äußere Reise ein, bei der man innerlich erfährt, dass es immer weitergeht, auch wenn man das Gefühl hat, es ginge nicht weiter. Durch die äußere Bewegung kommt innerlich etwas in Schwingung. Gleichzeitig wird man ganz auf sich zurückgeworfen und bleibt sowohl emotional als auch körperlich ganz an sich dran. Und man lernt loszulassen, sich vom Schweren zu befreien, das man sich aufgeladen hat, indem man mit kleinem Gepäck wandert.

Lassen Sie uns aufbrechen, die Herausforderungen des Lebens anzunehmen, und unsere Fähigkeiten entwickeln, mit ihnen umzugehen. Lassen Sie uns unsere Wandlungsfähigkeit entwickeln, statt in Kränkung und Verbitterung zu erstarren. Dazu ist das Leben viel zu reich, zu bunt und zu wertvoll.

2 Veränderung durch Loslassen und Dranbleiben

Zur Wandlung gehört Loslassen

In Wandlungszeiten verlieren wir einen Teil unserer Lebendigkeit und unseres inneren Einklangs, da wir durch die Ereignisse aus dem gewohnten Trott gerissen werden. Die Situation ist nicht mehr so, wie sie bisher war, und fordert von uns, ein neues Gleichgewicht herzustellen. Nur dadurch können wir wieder Erfüllung, Sinn und Glück erleben.

Da das Leben ständige Bewegung und Veränderung bedeutet, verändern auch wir uns immer wieder. Die Persönlichkeitsentwicklung ist ein lebenslanger Prozess, die zwischen Wachsen und Vergehen stattfindet und eingebettet ist in das umgebende System. Wir leben ja nicht als Einzelwesen, sondern stehen in ständigem Austausch mit der uns umgebenden Umwelt aus Menschen, Natur und Gesellschaft. Das erfordert eine immerwährende Anpassung und Abgrenzung, ein Loslassen und Dranbleiben, um mit sich selbst und der Welt auf eine Weise umzugehen, dass ein innerer Frieden entsteht.

Wandlung und Veränderung haben daher viel mit Loslassen zu tun. Aus diesem Grund finden wir das Konzept des Loslassens sowohl in humanistischen Psychotherapien wie der Gestalttherapie und der existenziellen Therapie[19] als auch in Weltreligionen wie dem Buddhismus. Das Ziel ist jeweils, dem Menschen Bedingungen für Wachstum und Persönlichkeitsentwicklung sowie für ein spirituelles Erleben zu schaffen. Das seelische Loslassen ist ein profunder innerer Prozess, der es ermöglicht, von bestimmten Vorstellungen und eingefahrenen Mustern Abstand zu nehmen und dadurch innere Freiheit und eine tiefere Wirklichkeit zu gewinnen, wie es Christian Meyer beschreibt: »Für die Lebendigkeit und den inneren Einklang sowie die Entdeckung des tiefen erfüllenden Seins gibt es nichts, was wichtiger wäre als das Loslassen.«[20]

Veränderung ist entweder ein Streben auf etwas Neues hin oder von etwas Altem weg. Wobei das Aufgeben von etwas Altem konkreter ist, weil man weiß, was man aufgeben, was man loslassen möchte oder muss. Um den Raum für das Neue zu schaffen, müssen wir aber zuerst das Alte loslassen. Das fällt uns umso leichter, je stärker unsere Sehnsucht nach dem Neuen ist.

Wir können Loslassen nicht einfach herstellen, auch wenn wir es uns vornehmen. Es braucht eine Bereitschaft, die oftmals erst geschaffen werden muss. Das kann ein langer Prozess sein, bei dem wir all das anschauen und aus dem Weg räumen, was uns im Gewohnten festhält und am Loslassen hindert. Wir können uns noch so bewusst vornehmen, etwas loslassen zu wollen, es wird uns erst gelingen, wenn wir auch die innere Freiheit und Kraft haben, auf das zu verzichten, an dem wir festhalten. Loslassen gelingt nämlich erst dann, wenn wir das Alte betrauert haben und unsere Gefühle, die mit der Veränderung verbunden sind, zulassen. Es hat keinen Sinn, von uns zu verlangen loszulassen, wenn wir noch mit Schmerz, Trauer, Wut oder Leidenschaft an dem Bisherigen hängen. Diese Gefühle müssen gespürt, ausgedrückt und integriert werden, um Abschied zu nehmen. Dann kann das Alte abgeschlossen werden und ein Neuanfang beginnen.

Loslassen klingt so einfach, ist aber ein sehr vielschichtiger Vorgang, in dem wir unseren Barrieren ebenso begegnen wie unserer Inflexibilität und eingefahrenen Mustern. Loslassen heißt abgeben, aufhören, Einfluss zu nehmen auf etwas, das wir nicht beeinflussen können.

Der Beginn des Loslassens ist die Anerkennung dessen, was passiert, auch wenn sich alles in uns sträubt. Das eigentliche Loslassen beginnt in dem Moment, in dem wir aufhören, dagegen zu kämpfen, und uns dem Problem zuwenden. Natürlich könnten wir daran festhalten, dass die Welt ungerecht ist und wir es besser verdient hätten. Das aber wird unsere leidvolle Situation auch nicht verändern, sondern uns hindern, nach einer Lösung zu suchen. Erst wenn wir unseren Wunsch loslassen, den alten Zustand wiederherzustellen, können wir uns Lösungswege überlegen und werden handlungsfähig.

Wenn wir loslassen, dann haben wir zwei Hände frei, um damit zuzupacken. Klingt das nicht verlockend? Das gelingt uns nicht, wenn wir an dem festhalten, was geschehen ist. Wir tragen dann dieses Erlebnis permanent mit uns herum und beschweren und behindern uns.

Loslassen ist jedoch nicht so einfach, sonst würden wir es sicherlich alle tun. Es ist auch nicht mit einem einmaligen Loslassen für immer erledigt, sondern es ist ein Prozess, durch den wir nach und nach immer freier und handlungsfähiger werden. Loslassen beinhaltet daher auch, die Verantwortung für unser Wohlergehen zu übernehmen, statt in einer leidenden Opferposition zu verharren.

Selbstreflexion

Wie stehen Sie dem Thema Loslassen gegenüber? Stellen Sie sich dazu folgende Fragen:

Was kann ich generell schwer loslassen?

Woran halte ich im Moment krampfhaft fest?

Was kann ich gut loslassen?

Lasse ich mir genügend Zeit, loszulassen?

Die Angst, loszulassen

Wir können umso besser loslassen, je mehr wir vertrauen können. Fehlt uns das Vertrauen, dann macht Loslassen Angst, weil wir nicht wissen, wohin wir fallen oder wie die Situation ausgeht, sobald wir sie nicht mehr in der Hand haben.

Stellen Sie sich vor, Sie halten einen Gegenstand. Solange Sie das tun, ist er sicher und kann nicht kaputt gehen. Öffnen Sie jedoch die Hand, dann fällt der Gegenstand zu Boden und kann im schlimmsten Fall zerbrechen. Fällt er jedoch auf einen weichen Untergrund, wird ihm kein Schaden zugefügt. Solange wir nicht wissen, wie der Boden beschaffen ist, auf den wir fallen, werden wir vor dem Loslassen zurückschrecken, um negative Konsequenzen zu vermeiden. Das heißt, dass wir genauso weitermachen wie bisher und dieselben Mittel anwenden wie immer, auch wenn diese nicht zum Erfolg führen. Wir halten beispielsweise an unserer Arbeitsstelle fest, auch wenn sie uns nicht mehr befriedigt, nur weil wir nicht wissen, wo es nach einer Kündigung mit uns hingeht. Loslassen hieße, dem Gefühl zu vertrauen, nicht mehr an der richtigen Stelle zu sein, und auszuloten, welche Chancen wir auf dem Arbeitsmarkt haben. Ob es ein gutes Ende nimmt oder nicht, ist trotz allem ungewiss. Wir machen uns Sorgen, ob den Menschen, die wir lieben, nichts passiert, und ob sie uns verlassen, auch wenn uns das Magenschmerzen und seelische Pein verursacht. Loslassen hieße zu vertrauen, dass es gut ausgeht, und herauszufinden, welche Erfahrungen diesen Verlustängsten zugrunde liegen. Die können wir bearbeiten und uns dadurch entlasten. Sich heute Sorgen zu machen, was vielleicht morgen passieren kann, ist verschwendete Lebenszeit. Auch können wir unsere Lieben nicht davor bewahren, dass ihnen Schlimmes zustößt. Nicht nur Zukünftiges, auch Vergangenes kann uns Sorgen bereiten. Wir grämen uns über vermutete Fehler, die wir gemacht haben, und befürchten, damit unsere Möglichkeiten für eine glückliche Zukunft riskiert zu haben. Damit vergeuden wir unsere Kraft, weil das, was passiert ist, schon vorbei und nicht mehr änderbar ist. Warum also daran festhalten?

Gemeinsam ist diesen Beispielen die Ohnmacht, nichts bewirken zu können. Wir müssen in all diesen Situationen die Ungewissheit aushalten, da wir nicht aktiv eingreifen können. Das bewirkt eine innerliche Spannung. Wenn es uns jedoch gelingt loszulassen, unsere Angst und unsere Befürchtungen abzugeben und darauf zu vertrauen, dass die Dinge so ausgehen, wie sie gut für uns sind, können wir uns von den Sorgen und der inneren Anspannung befreien.

Eine Klientin von mir, die sich um eine neue Stelle beworben hatte, beschrieb es folgendermaßen: »Wenn ich diese Stelle kriege, dann ist sie die richtige. Wenn ich sie nicht bekomme, ist es auch nicht die richtige Stelle.«

Sie könnten nun einwenden, diese Art zu denken sei fatalistisch, da alles, was passiert, eh vorherbestimmt ist und wir deshalb keinen Einfluss haben. Das ist nicht meine Haltung, weil ich überzeugt bin, dass unser Handeln sehr wohl unser Leben beeinflusst und wir unser Schicksal im Wesentlichen mitbestimmen. Es gibt jedoch Situationen, in denen wir keine Handlungsmöglichkeiten haben. Sie erfordern eine andere Herangehensweise, sonst zerfleischen wir uns innerlich. Die Klientin könnte sich permanent fragen, ob sie bei der Bewerbung alles richtig gemacht hat, und sich mit ihren Selbstzweifeln und Befürchtungen zermartern. Als würde das jetzt noch einen Einfluss auf den Gang der Dinge haben. Bis endlich eine Nachricht kommt, wäre sie in einer starken inneren Spannung und würde die ganze Zeit nur an die bevorstehende Entscheidung denken. Für etwas anderes hätte sie weder im seelischen noch im geistigen Bereich Platz. Die Zeit, bis sie erfahren würde, ob sie genommen wird oder nicht, wäre für vieles andere verloren.

Mit unnützen Befürchtungen vertun wir unsere Zeit, ohne damit etwas anderes zu bewirken, als uns unter Druck zu setzen. Lassen wir aber los, dann vertrauen wir uns dem Fluss des Geschehens an, dem Leben oder auch einer höheren Macht. Der Boden, auf dem wir weich landen und der uns trägt, ist Vertrauen und Hingabe. Hingabe ist kein aktives Drängen, sondern ein sich Zuwenden, sich Öffnen und Empfangen. In der Hingabe wehren wir uns nicht gegen das, was gerade geschieht, sondern nehmen wahr, wie es uns geht. Hingabe wird daher auch als Fähigkeit verstanden, loszulassen, ganz im Hier und Jetzt zu sein.

Eine Geschichte über die Angst vor dem Loslassen

Sich-fallen-Lassen und Hingabe beruhen auf Vertrauen und einer positiven Weltsicht. Die Angst vor dem Loslassen dagegen hat viel mit Misstrauen und Katastrophenfantasien zu tun. Kann ich einem Boden überhaupt vertrauen, dass er mich hält? Wahrscheinlich stürze ich ab und sterbe. Misstrauen und Katastrophenfantasien gehören zusammen. Das eine gibt es nicht ohne das andere, weil das Misstrauen sich auf die negativen Vorstellungen über die Welt und die Zukunft beruft. Und nicht nur das, ein ängstlicher Mensch sammelt auch negative Geschichten, die sein Misstrauen belegen und seine Angst verstärken. Die Presse und besonders das Internet sind voll von negativen Schlagzeilen und Horrorszenarien. Ein wahres Eldorado für jeden argwöhnischen Menschen. So ein Mensch ist auch der arme Mann aus der folgenden Geschichte.[21]

»Es war einmal ein Mann, der sich in den Bergen verirrte und nicht mehr den Weg nach Hause fand. Die Sonne ging schon unter, und er fürchtete sich mehr und mehr. Er wurde unruhig und ängstlich. Die Nacht kam, und alles wurde still und dunkel.

Er begann also, sehr langsam zu gehen, weil er nicht wusste, wohin er eigentlich trat. Tatsächlich gelangte er an einen Abgrund und stürzte hinein. Noch im Fallen konnte er sich an ein paar Wurzeln festhalten.

Die Nacht war sehr kalt, und seine Hände wurden steif vor Kälte. Es war immer schwieriger, sich an den Wurzeln festzuhalten. Er erinnerte sich an seinen Gott und sogar an die Götter anderer Leute. Irgendjemand musste ihm helfen!

Er betete alle heiligen Worte, die ihm einfielen, doch nichts passierte. Seine Hände wurden immer kälter, und die Wurzeln rutschten durch die Hände.

Er verabschiedete sich von der Welt.

›Es geht mit mir zu Ende. Ich weiß nicht, wie tief das Tal ist, in das ich fallen werde, und wie viele Knochenbrüche ich erleiden werde.‹

Er weinte, so viele Tränen. Er weinte, und dabei wollte er früher immer die Welt verlassen, weil sie ihm so viele Probleme verursachte. Jetzt war die Gelegenheit dazu, doch jetzt wollte er leben.

Die Kälte wurde stärker und stärker, und schließlich musste er die Wurzeln loslassen. Zu seiner Überraschung stand er auf dem Boden. Die ganze Nacht lang hatte er gekämpft und war nur 20 Zentimeter vom Boden entfernt gewesen! Er hatte wie in der Hölle gelitten. Die ganze Nacht. Die Kälte, die ständige Angst, dass er irgendwann loslassen müsse. Er hatte nicht geglaubt, dass er noch jemals einen anderen Tag sehen würde.

Aber als er fiel – nur 20 Zentimeter –, konnte er es kaum glauben. Er schaute sich um. Ganz in seiner Nähe stand sein Haus.

Er sagte: ›Du lieber Gott! Ich habe völlig unnötig alle Götter angefleht, die ganzen Gebete zitiert und das alles, ohne wirklich in Gefahr zu sein!‹«

Diese Geschichte ist eine Metapher dafür, dass die Angst vor dem Loslassen oftmals schlimmer ist als das Loslassen selbst. Und sie zeigt, dass wir mitunter sehr viel näher an unserem Ziel sind, als wir glauben. In der Angst vor dem Loslassen zweifeln wir, ob es einen Boden gibt, der uns auffängt, weil wir ihn im Moment des Loslassens nicht spüren. Trotzdem gibt es ihn, und wir könnten uns darauf verlassen, dass er da ist. Doch erst in der Hingabe, im Loslassen werden wir ihn spüren, nicht im

Kampf gegen das Fallen. Der Boden selbst ist sowohl in uns als auch im Außen. In uns ist er das Vertrauen ins Leben und in unsere Kraft, im Außen sind es Menschen und eine sichere Umgebung, die uns auffangen. Wissen wir um beides, können wir uns hingeben und vertrauensvoll einlassen.

Vertrauen gibt Sicherheit

Für den sicheren Boden in uns brauchen wir Vertrauen: Vertrauen in den anderen Menschen, in uns selbst und in das Leben. Wenn wir jemandem vertrauen, haben wir die Zuversicht, dass er uns nichts Böses will und gut mit uns umgeht. Dazu müssen wir allerdings in Vorlage gehen, indem wir uns dem anderen öffnen und ihm Vertrauen schenken. Wir prüfen, ob er unser Vertrauen verdient, sonst ziehen wir es wieder zurück. Das ist wie Springen. Ich springe in etwas, das ich nicht kenne, in der Hoffnung, dass es gut ausgeht. Zugleich prüfe ich aber, ob das Becken, in das ich springe, genügend Wasser und eine ausreichende Tiefe hat, sonst wäre Springen in diesem Fall selbstmörderisch.

Vertrauen ist also ein gegenseitiges Geschehen, bei dem der eine etwas verschenkt und der andere es sich verdient. In diesem Hin und Her zwischen Öffnen und Rückzug, Sich-Einlassen und Prüfen, entsteht eine Basis, auf der eine Beziehung wachsen kann, die auch Differenzen und Meinungsverschiedenheiten aushält.

Wenn es gelingt, sich dem anderen anzuvertrauen, dann spüren wir das häufig auch körperlich. Eine Klientin beschrieb es als Wärme und Weichheit im Bauch und als Gefühl, sich zurücklehnen zu können. Im Zustand des Festhaltens hatte sie eine starke Spannung in der Brust und eine eingeschränkte Atmung. Sie gehörte zu den sogenannten »Macherinnen«, die alles in die eigene Hand nehmen und sich ihren Weg erkämpfen. Die Erfahrung, dass einmal ein anderer für sie sorgt und sie unterstützt, war für sie auf der einen Seite unglaublich schön, auf der anderen Seite auch mit der Angst verbunden, am Ende womöglich doch wieder enttäuscht zu werden, wie sie es oft in ihrem Leben erlebte. Da ihr in ihrer Situation jedoch gar nichts anderes übrig blieb, als sich anzuvertrauen, weil sie selbst auf den Gang der Dinge keinen Einfluss nehmen konnte, war sie regelrecht gezwungen loszulassen. Und zwar loszulassen von der Kontrolle, der Einflussnahme, dem Agieren und dem Misstrauen, ob es der andere richtig machen wird. Eine tiefgreifende Erfahrung, die sie mit ihren weichen und verletzlichen Gefühlen in Kontakt brachte, die sie sonst hinter ihrer Stärke und ihrem Aktionismus verbarg. Was ihr besonders auffiel, war, dass sie überhaupt dazu fähig war, die Unterstützung des anderen wahrzunehmen und gutzuheißen. Bisher hatte sie fremde Hilfe als Bevormundung und Einmischung in ihre Angelegenheiten abgewehrt und den anderen dafür verachtet. Jetzt aber war sie dankbar und angerührt von der Sorge um ihre Person.

Wem das Vertrauen in die eigene Wahrnehmung fehlt, der kann das Verhalten anderer womöglich falsch einschätzen und sieht nicht, wer es gut mit einem meint und wer nicht. Diese Menschen spüren vielleicht, dass sie dem anderen nicht vertrauen können, sie haben sich jedoch im Laufe der Zeit so sehr von sich entfremdet, dass sie an ihrer Einschätzung zweifeln. In der Folge lassen sie sich auf Menschen ein, die sie schlecht behandeln, unterwerfen oder ausbeuten. Ihnen fehlt der Glaube an ihre Autonomie, die es braucht, um das eigene Leben selbstbestimmt zu führen. In einer solchen Haltung ist das Loslassen schier unmöglich. Die innere Unsicherheit und das mangelnde Vertrauen in den anderen und sich selbst verhindern, ein Risiko einzugehen, und bremsen jede Form von Veränderung. Das endet in Stillstand und Verharren im aktuellen Elend.

Ich habe häufig Frauen begleitet, sich aus einer destruktiven Abhängigkeitsbeziehung zu befreien, in der sie sich emotional ausbeuten ließen und ihr Selbstwertgefühl verloren. Es dauert lange, bis sie sich entscheiden, sich zu trennen und ein eigenständiges Leben zu beginnen. Die Angst vor der Reaktion des Mannes und vor der Ungewissheit dessen, was auf sie zukommt, verhindert ein beherztes Herangehen. Sie trauen sich lange nicht, zu springen und die Beziehung loszulassen, denn sie sind sich nicht sicher, ob Wasser im Becken ist. Deshalb lassen sie sich nicht auf ein neues Leben ein, denn sie wissen nicht, ob es gut wird.

Loslassen von der destruktiven Beziehung bedeutet, sowohl das erlebte Leid als auch das Schöne, die Sicherheit und die Freude loszulassen. Das schließt auch die positiven Seiten des Mannes ein, den sie ja geliebt haben. Ihr Wissen darum, dass er auch liebevoll sein kann, und der Wunsch, nicht im Streit mit ihm auseinanderzugehen, sowie die Hoffnung, dass es wieder so wird, wie es einmal war, lassen sie immer noch an der alten Beziehung klammern und blockieren das Loslassen und den Schritt in die Eigenständigkeit.

Um sich aus einer solchen Abhängigkeitsbeziehung zu befreien, müssen die Frauen lernen, ihrer Wahrnehmung und ihren Gefühlen wieder zu trauen und der Realität ins Auge zu schauen, dass alles gar nicht so schön war, wie sie es sich immer noch ausmalen. Haben sie das einmal realisiert, fällt es ihnen leichter, loszulassen und ihren Impulsen, Bedürfnissen und Vorstellungen zu folgen. Dadurch entwickeln sie mehr und mehr Vertrauen zu sich selbst, das ihnen hilft, das Risiko der Trennung einzugehen. Hilfreich ist dabei auch die therapeutische Beziehung, in der sie sich einem anderen Menschen anvertrauen und Halt und Unterstützung bekommen.

Das Vertrauen in sich selbst und in die anderen ist die Basis dafür, sich dem Leben anzuvertrauen. Für manche beruht es auf ihrem Glauben, dass eine höhere Macht gut für sie sorgt, für andere ist es die Lebensenergie, auf die sie sich verlassen. Egal welches Bild jemand benutzt, es bezieht sich immer darauf, sich dem Lebensfluss hinzugeben und den Herausforderungen und unangenehmen Ereignissen nicht nur voller Schrecken zu begegnen, sondern sie als Herausforderung zu begreifen. Was muss ich durch dieses belastende Ereignis lernen? Welche Kraftquellen kann ich in mir aktivieren? Das Zurückgreifen auf Erfahrungen im Umgang mit schwierigen Situationen stärkt das Selbstwertgefühl und das Vertrauen zu sich selbst. Sie sind leichter zu bewältigen, wenn nicht nur das Negative im Vordergrund steht, sondern sich die Chance auftut, daran zu wachsen und nicht zu zerbrechen.

Dem Herzen Raum geben

Unser Vertrauen ins Leben können wir stärken, indem wir mehr auf unser Herz hören als nur auf unseren analytischen Verstand. Wie sagte schon der kleine Prinz von Antoine de Saint-Exupéry?[22] »Man sieht nur mit dem Herzen gut. Das Wesentliche ist für die Augen unsichtbar.«

Unser Herz sagt uns, wo der Weg hingehen soll, was gut und schädlich für uns ist. In einer Welt aus lauter Kontrolle, Planung, Struktur und Getaktetsein durch Termine mutet so eine Haltung ziemlich fremd an. Wie soll ich auf mein Herz hören, wenn ich von außen bestimmt werde? Und was ist überhaupt mit dem Herzen gemeint? Auf das Herz hören bedeutet, seine Impulse, Gefühle und Bedürfnisse wahrzunehmen. Gerade in Veränderungszeiten, die viel von uns fordern, ist es wichtig, den Bezug zu uns selbst nicht zu verlieren. Wenn wir wachsam sind, dann spüren wir, ob wir in Einklang mit uns sind oder nicht. Das hilft, erfüllter zu leben und zufrieden zu werden. Wir setzen Grenzen, wo uns etwas schadet, und sagen Ja zu den Menschen, die uns guttun. Folgen wir unserem Herzen, dann hören wir auf, uns ständig zu bewerten und zu vergleichen. Dadurch werden wir ruhiger, entspannter und weniger getrieben.

Das schaffen wir jedoch nur, wenn wir loslassen von der Frage, was die anderen von uns wollen, wie wir sein sollen, denn wir finden die Antwort in uns selbst. Wir allein wissen, wer wir sind und was wir brauchen. Und dieses Wissen hilft uns, Veränderungen zu unseren Gunsten einzuleiten.

Respektieren wir unsere Gefühle, Impulse und Bedürfnisse nicht, dann kann es sein, dass das Herz sogar somatisch reagiert. Ich habe es oft in der Praxis erlebt, dass die Herzen der Klienten eine deutliche Sprache sprechen, die auf seelische Belastungen hinweisen. Sie schlagen unrhythmisch, zu schnell oder zu langsam oder geraten total aus dem Takt. Versucht man, diese Symbolsprache zu verstehen, so findet sich häufig das Herzensthema dieses Menschen. Es kann darin liegen, sich zu sehr unter Druck zu setzen, sodass das Herz dem Stress nicht mehr gewachsen ist. Auch Themen einer verlorenen Liebe, fehlender Liebe und Einsamkeit, Unzufriedenheit und Unerfülltsein können sich in einem unruhigen Herzen ausdrücken. Da helfen Medikamente oftmals wenig, solange das psychische Thema nicht bearbeitet ist. Trauen wir uns also, auf unser Herz zu hören, um seine Botschaft zu verstehen. Wir können viel von ihm lernen, denn es weist uns darauf hin, dass wir in unserem Leben etwas ändern sollten.

Eine neue Studie der Brigham Young University Utah[23] zeigte beispielsweise, dass Einsamkeit massive Auswirkungen auf unsere Gesundheit hat, die schädlicher sind als Rauchen. Menschen, die unter zu wenigen Kontakten und fehlenden guten Beziehungen leiden, haben ein deutlich höheres Sterberisiko. Das allein sollte ein Warnsignal sein, nicht weiterzumachen wie bisher, sondern sich aktiv aus der Vereinsamung zu befreien und sich um Kontakte zu bemühen, sei es in einem Verein oder einer Wandergruppe. Wer Spaß am Singen hat, kann sich einem Chor anschließen, wer kreativ ist, einen Malkurs besuchen. Die Möglichkeiten sind sehr vielfältig, doch man muss sie zu nutzen wissen.

Diese Tipps helfen jedoch nicht dem, der Angst vor anderen Menschen hat und sich schon sein ganzes Leben lang verkrochen hat. Einsam wird man nämlich nicht von heute auf morgen, kann dieses Gefühl also auch nicht mit einem Federstrich beenden. In so einem Fall hilft manchmal eine Selbsthilfegruppe für Menschen mit sozialen Ängsten oder eine Therapie mit dem Ziel, die Ängste abzubauen und frei zu werden für die Begegnung mit anderen Menschen. Sind wir allerdings taub für die Botschaft des Herzens, könnte die Symptomatik immer schlimmer werden, bis wir unsere Aufmerksamkeit dem Herzensthema zuwenden und handeln müssen.

Intuition hilft, loszulassen

Die Intuition ist wie das Herz der Gegenpart zum reinen Verstand und wird häufig in ihrer Bedeutung unterschätzt. Im schlimmsten Fall werden intuitive Entscheidungen als irrational abgewertet. Als wäre unsere Ratio für Veränderungen wichtiger als unser Gefühl.

Aus der Intuition heraus gelingt es uns, Dinge, Situationen und Menschen in Sekundenschnelle einzuschätzen und daran unser Verhalten zu orientieren. Intuitiv spüren wir, ob wir uns bedroht oder geborgen fühlen, ob wir etwas verändern müssen oder die Situation besser verlassen.

Intuition ist kein esoterisches Konstrukt, sondern eine spezifische Form der komplexen Informationsverarbeitung. Sie basiert auf evolutionär und individuell erlernten Erfahrungsinhalten, die dem Menschen Strategien zur Verfügung stellen, um Probleme schnell und effektiv zu lösen. Intuition resultiert im Gegensatz zum strategischen Denken aus dem Unbewusstsein.

Unser Verstand und unser rationales Bewusstsein machen unsere Intelligenz nur zu einem geringen Prozentsatz aus. Die Intuition ist noch nicht vollständig erforscht, wir wissen jedoch aus der Hirnforschung, dass wir bei vielen Tätigkeiten Gehirnareale benutzen, die nicht mit dem Bewusstsein verbunden sind, zum Beispiel beim Lernen, beim Erfinden und bei der Kreativität. Deshalb nennt der Kognitionsforscher Gerd Giegerenzer[24] die Intuition auch gefühltes Wissen. Das bewusste Denken dagegen ist rational begründet, basiert auf überprüfbaren Regeln und kann unterschiedliche Argumente abwägen. Da es für uns kontrollierbarer ist, verlassen wir uns lieber auf unsere Ratio, als der unkontrollierbaren Intuition zu folgen. Es wäre jedoch falsch, beide Arten des Denkens gegeneinander auszuspielen, da sowohl die bewussten als auch die unbewussten Prozesse notwendig sind, auch für unsere Wandlungsfähigkeit.

Da die Intuition sehr viel mehr mit dem Gefühl verbunden ist als unser bewusstes Denken, heißt sie in der Alltagssprache auch Bauchgefühl. Gefühle können wir nicht denken, wir können sie nur fühlen und erspüren, körperlich meist im Brust- und Bauchbereich. Der Bauch ist sehr sensibel für Gefühlsregungen und der körperliche Resonanzboden für Aufregung, Freude, Wut und Angst. Das, was uns guttut, können wir nicht per rationalem Verstand herausfinden, sondern nur wenn wir uns spüren. Ebenso ist Loslassen etwas, das wir nicht verstandesmäßig herstellen können, sondern das mehr aus der Intuition geboren ist. Intuition und Vertrauen bilden zusammen die Basis, auf der wir leichter loslassen können.

Eine wichtige Veränderung nur aus dem Bauch heraus zu initiieren kann ebenso falsch sein, wie nur auf den Verstand zu hören. Stehe ich vor der Entscheidung, die Wohnung zu wechseln, muss ich einerseits meinen Wunsch nach Veränderung respektieren, also meinem Bauchgefühl nachgeben, anderseits auch die Wohnungsangebote rein rational berücksichtigen. Ich kann meinen Wunsch nur dann umsetzen, wenn ich eine adäquate Wohnung finde, die ich auch bezahlen kann. Die Chancen und Möglichkeiten kann ich mithilfe von Fakten einschätzen, die Stärke meines Wunsches jedoch ist davon unabhängig. Auch wenn die Situation am Wohnungsmarkt rein rational schlecht aussieht, kann ich dennoch auf meinen Wunsch hören. Loslassen hieße in diesem Fall, nicht der Angst zu folgen, sondern darauf zu vertrauen, dass ich eine Wohnung finden werde, wenn ich dranbleibe und suche.

Wie kann ich gleichzeitig loslassen und dranbleiben?

Wir haben bisher viel vom Loslassen gesprochen, müssen aber auch das Dranbleiben berücksichtigen. Nicht jede Veränderung ist allein durch das Loslassen zu bewältigen, wir müssen auch festhalten an unserem Leben, an Ideen, Vorstellungen und Wünschen, die wir verwirklichen wollen. Wäre der Mann aus der Geschichte nicht an seinem Willen zu überleben drangeblieben, hätte er vielleicht losgelassen und wäre eventuell abgestürzt. Wenn wir loslassen, müssen wir immer wissen, woran wir weiterhin festhalten können, um nicht abzustürzen. Wir bleiben dran an dem, was uns wichtig ist, was wir verwirklichen wollen und was uns am Leben hält.

Im Coaching gibt es den Begriff der »sinnvollen Beharrlichkeit«, der die Fähigkeit umschreibt, sich mit Problemen intensiv auseinanderzusetzen und auch das Unangenehme auszuhalten, um den Wandel zu ermöglichen.[25] Also nicht gleich aufzugeben, wenn es schwierig wird, sondern dranzubleiben an der möglichen Lösung. Stellt sich diese nicht ein, ist es Zeit loszulassen.

Dennoch klingt »Loslassen und dranbleiben« wie ein Widerspruch. Wie soll ich etwas loslassen und zugleich dranbleiben? Einen Gegenstand, den ich in der Hand halte, kann ich auch nur entweder loslassen oder festhalten. Anders ist es bei psychischen Inhalten. Hier lassen wir los, was uns beschwert, halten aber fest an unseren Zielen und dem, was uns stärkt. Auf diese Weise löst sich der Widerspruch auf und wird zur Basis für unsere Wandlungsfähigkeit und die Bewältigung von schwierigen Situationen.

Das Phänomen des Loslassens und Dranbleibens will ich anhand von Beziehungen deutlich machen. Stellen Sie sich vor, Sie haben einen guten Freund, mit dem Sie viel verbindet. Aus für Sie unerklärlichen Gründen wendet sich dieser Mensch auf einmal von Ihnen ab, und Sie spüren, dass die bisherige Nähe und Vertrautheit nicht mehr vorhanden ist. Im ersten Moment sind Sie natürlich gekränkt, weil Sie sich zurückgewiesen und unwichtig fühlen. Sie sind enttäuscht, weil Ihr Freund Ihnen ausweicht und das Gefühl gibt, dass Sie nicht mehr wichtig für ihn sind. Das verletzt Sie sehr, denn Sie erleben sich nicht gewürdigt oder sogar abgelehnt. Den Grund des Rückzugs suchen Sie vermutlich zuerst bei sich selbst. Was habe ich falsch gemacht, dass der andere den Kontakt abbricht? Dass das mit Ihnen eventuell nichts oder nur sehr wenig zu tun hat, kommt Ihnen erst einmal nicht in den Sinn. Neben der Demütigung, zurückgewiesen worden zu sein, spüren Sie vermutlich auch, wie weh es tut, die Zuwendung und Liebe zu verlieren.

Weil der Schmerz Sie aber noch verletzbarer macht, als Sie in der momentanen Situation sowieso schon sind, greifen Sie auf ein aggressives Verhalten zurück. Sie beschimpfen den anderen, verteufeln ihn als böse, lieblos und grausam und würden sich am liebsten an ihm rächen. Diese Wut, die ich Kränkungswut nenne, ist jedoch eine Form der Aggression, die die gesamte Beziehung zerstören kann. Nicht selten endet eine Kränkungsreaktion mit dem völligen Abbruch des Kontakts nach dem Motto: »Mit so jemandem, der mich so schlecht behandelt, möchte ich nie wieder etwas zu tun haben.« Sie brechen die Brücken zu dem untreuen Freund ab, melden sich nicht mehr bei ihm und reagieren auch nicht auf Kontaktangebote seinerseits. Das ist eine typische Kränkungsreaktion. Sie lehnen den Kontakt ab, weil Sie von ihm enttäuscht sind. Das führt allerdings zu nichts anderem, als dass Sie diesen Freund als sogenannte Kränkungsleiche im Keller liegen haben. Sie glauben zwar, ihn damit los zu sein, aber getrennt sind sie von ihm nicht wirklich. Ohne es zu spüren, sind Sie noch mit Ihren negativen Gefühlen mit ihm verbunden. Wie zerstörerisch solche Kränkungsleichen sind, spüren Sie in dem Moment, wenn Sie den Namen dieses Freundes hören und alle alten Kränkungsgefühle wieder hochkommen.

In der Kränkung können Sie nicht loslassen. Sie werfen zwar die ganze Beziehung weg, lassen aber weder von der erlebten Entwertung noch von Ihrem Groll los. Die Kränkungswut bindet und lässt Sie länger leiden als nötig. Sie machen sich immer wieder Gedanken darüber, warum es so gekommen ist, was Sie getan haben, was Sie jetzt tun müssten. Und Sie zermartern sich die Seele mit der ständigen Frage nach dem Warum. Warum ich, warum jetzt, warum schon wieder verlassen werden, warum verhält er sich so, warum geht er so mit mir um? Auf diese Fragen gibt es keine Antwort, außer Sie fragen diesen Freund. Also ist es sinnlos und quälend, daran festzuhalten und Ihre Kränkungsgefühle damit zu verstärken.

Loslassen würde bedeuten zu akzeptieren, dass sich die Beziehung verändert hat. Es würde bedeuten, die Realität anzuerkennen und Ihrer Trauer, Angst, Scham und Enttäuschung Raum zu geben, anstatt sich permanent Gedanken um den anderen zu machen und ihn zu verteufeln. Es würde auch bedeuten, etwas herzugeben, das Ihnen wichtig und bedeutsam ist, nämlich die Zuwendung des Freundes. Das ist ein schmerzhafter Prozess, denn Sie müssen einen Verlust akzeptieren. Das ist aber kein Grund, sich zu entfernen und den anderen aus dem eigenen Leben zu streichen. Mit Dranbleiben ist genau das gemeint: Sie halten die Beziehung zu dem anderen aufrecht und brechen sie nicht ab, auch wenn Sie wütend und enttäuscht sind. Das heißt natürlich nicht, dass Sie alles hinnehmen müssen, was der andere Mensch Ihnen zumutet. Es ist völlig okay zu sagen, was Sie ärgert und enttäuscht. Damit halten Sie sogar die Beziehung zum anderen lebendig und verbessern sie sogar. Sie bleiben also »dran« an dem anderen, an der Beziehung und auch an Ihren Vorstellungen.

Loslassen bedeutet nicht resignieren, sondern sich von der Vorstellung freizumachen, es möge alles beim Alten bleiben bzw. von der Idee, Sie könnten den alten Zustand wiederherstellen. Indem Sie loslassen, befreien Sie sich von Ihrem Frust und Ihrer Enttäuschung, die mit dem Verlust des Alten verbunden sind. Loslassen bedeutet auch, nicht unmittelbar eine Lösung zu erzwingen, sondern abzuwarten, sich Zeit zu nehmen und sich auf eine Entwicklung einzulassen, die nicht vorhersehbar ist. Dranbleiben bedeutet, nicht aufzugeben, nicht alles hinzuschmeißen und offen zu sein für einen Kontakt, auch wenn die Situation im Moment nicht erfüllend ist.

Selbstreflexion

Mit folgenden Fragen nähern Sie sich Ihren Kränkungserlebnissen und den Themen, an denen Sie noch hängen und die Sie besser loslassen sollten.

Gibt es eine aktuelle Kränkung, die ich besser loslassen sollte?

An welchen alten Kränkungen halte ich immer noch fest?

Was bedeutet Loslassen in diesen Fällen für mich?

Was sollte ich loslassen?

Woran sollte ich mehr dranbleiben?

Über das Festhalten

Ein Dranbleiben ohne loszulassen bedeutet festhalten an dem, was bereits vergangen ist, und sich nicht zu öffnen für das, was ist und was kommt. Festhalten hat mit Druck und Anhängen zu tun. Menschen können sehr beharrlich sein, wenn sie unbedingt etwas wollen. Mir kommt in diesem Zusammenhang immer das Bild eines Hundes in den Sinn, der sich in eine Wade verbeißt. Auch wir verbeißen uns in bestimmte Vorstellungen, Wünsche und Erwartungen, ohne Rücksicht darauf, ob sie im Moment passend und erfüllbar sind oder nicht. Natürlich brauchen wir Ideen, um unserem Leben eine Richtung zu geben, wir brauchen aber auch die Flexibilität, um die Richtung zu ändern, wenn es nötig ist. Im Festhalten geht uns diese Anpassungsfähigkeit verloren. Wir glauben, dass wir etwas erreichen, wenn wir es nur fest genug wollen oder erzwingen.

Ich habe es in meinem eigenen Leben erlebt, dass gerade dann etwas Neues und für mich Positives passieren konnte, wenn ich losgelassen habe. Festhalten hieße, einer Idee zu folgen, ohne die Realität zu berücksichtigen. Bieten sich im Moment nicht die nötigen Bedingungen, um mein Ziel zu erreichen, dann nützt es auch nichts, sich weiter in derselben Art und Weise zu bemühen. Mit meinem Ziel im Auge kann ich neue Wege suchen, wie ich es erreichen kann, oder ich verändere mein Ziel. So wie wir im Labyrinth trotz der Hindernisse unseren Weg suchen, ohne die Mitte, also uns, aus dem Blick zu verlieren, so finden wir auch unter widrigen Umständen neue Lösungen.

Auch unsere Vorstellungen von uns müssen wir mitunter revidieren und loslassen, wenn sich unsere Lebenssituation anders darstellt, als wir es uns wünschen. Wir können noch so viel dagegen kämpfen, wir werden uns dadurch nicht verändern, aber unglücklich werden, wenn wir an Ideen festhalten, die nicht umsetzbar sind. Ich habe immer wieder Frauen mit einer Essstörung sagen hören, dass sie unglücklich sind, weil sie fünf Kilo zu viel wiegen. Ihre Überzeugung ist, dass sie sich nur akzeptieren können, wenn sie schlanker sind. Das bedeutet, dass sie sich so lange ablehnen müssen, bis sie ihr Wunschgewicht erreicht haben. In der Zwischenzeit leben sie in der Hoffnung auf das Glück in einer schlanken Zukunft. Und was ist, wenn sie diese fünf Kilo nie abnehmen?

Menschen hoffen auf eine bessere Stelle, den idealen Partner, die erfüllende Beziehung, das immerwährende Glück, den Lottogewinn. Verbunden mit der Idee, dass sie dann glücklich und ihr Leben vollkommen sei. Sie halten an diesen Bildern fest wie der Hund an der Wade. Wenn alles nichts hilft, dann haben sie noch eine letzte falsche Hoffnung, die da sagt: Es wird schon irgendwie. Doch »es« wird sich nicht verändern, sie müssen schon selbst handeln. »Irgendwas« wird schon »irgendwie« passieren, doch die Frage ist, ob es das ist, was sie erstreben. Mit dieser falschen Hoffnung halten sie nur am Bisherigen fest und tun so, als würden sie loslassen.

Im Gegenteil geht es darum, die Situation so zu akzeptieren, wie sie sich im Moment darstellt. Und zwar die äußere ebenso wie die innere. Sind wir unglücklich, dann hilft es nichts, dagegen zu kämpfen und an der Überzeugung festzuhalten, glücklich sein zu müssen. Verändern wird sich unser inneres Unglück nur dadurch, dass wir es akzeptieren und über diesen Weg erfahren, was uns wirklich glücklich machen kann.

Der Krampfreflex des Festhaltens

Die folgende Geschichte eines unbekannten Autors[26] macht deutlich, wie hinderlich oder gar schädigend das Festhalten sein kann:

»In Indien gibt es eine ausgeklügelte Methode, wie man in ländlichen Gebieten Affen fängt. Man baut eine Kiste, in die man durch Gitterstäbe sichtbar eine Banane legt. Die Kiste hat eine Öffnung, durch die genau die Hand eines Affen passt. Der Affe entdeckt nun die Banane, greift hinein und will sie herausziehen. Das Phänomen dabei ist, dass er seine Hand zu einer Faust macht und sie dadurch nicht mehr aus der Kiste herausbekommt. Interessanterweise lässt der Affe die Banane nicht mehr los, er will einfach nicht mehr ohne die Banane sein und kann so von den Fallenstellern gefangen werden. Der Affe könnte sich retten, wenn er von seinem ursprünglichen Ziel loslassen würde. Er tut es aber nicht.«

Genauso ist es mit vielem, woran wir unbedingt festhalten und nicht loslassen wollen. Denn die Banane erscheint so unentbehrlich. Der Krampfreflex des Festhaltens schadet uns am Ende mehr, als wir durch dieses Verhalten gewinnen. Lassen wir also los und bleiben wir dran! Das hieße in diesem Beispiel, die Banane loszulassen und einen anderen Weg zu suchen, auf dem man sie durch die Öffnung fischen kann. Oder ganz auf sie zu verzichten zugunsten eines noch wichtigeren Ziels, nämlich das eigene Leben und die Freiheit zu retten.

Dieses Beispiel versinnbildlicht das Prinzip des Loslassens und Dranbleibens: Wenn wir auf dem eingeschlagenen Weg nicht zum Erfolg kommen, ist es sinnvoll, erst einmal von der Art und Weise, wie wir dieses Ziel erreichen wollen, Abstand zu nehmen. Das bedeutet nicht, dass wir die »Banane«, also unser Projekt, aufgeben müssen, sondern uns überlegen, auf welche Weise wir es am Ende erfolgreich erreichen können. Wir bleiben also dran an unserem Vorhaben, geben aber die Strategien auf, die hinderlich und nicht zielführend sind. Im schlimmsten Fall müssen wir das ganze Projekt aufgeben und ein neues suchen, was aber auch nicht unbedingt Scheitern bedeutet, sondern Umorientierung. Und oftmals zu noch mehr Erfolg und Zufriedenheit führt.

Viele von uns sind gewohnt, mit großer Kraftanstrengung ein Ziel erreichen zu wollen. Ganz so wie der Affe an der Kiste. Dieses Festhalten, dieser Krampfreflex, bildet sich in unserem Körper ab und reicht bis in die tiefsten muskulären Schichten. Unsere Annahme ist, dass wir umso erfolgreicher sind, je mehr wir uns zusammenreißen. Diese Art der Problemlösung kann in vielen Situationen hilfreich sein, zum Beispiel wenn wir aus einer Gefahrensituation wegrennen müssen oder wenn wir schwere Gegenstände von einem Ort zum anderen transportieren. Dazu brauchen wir unsere körperliche Kraft und den Einsatz unserer gespannten Muskulatur.

Bei seelischen Auseinandersetzungen ist diese Art jedoch wenig dienlich, weil sie uns unter Druck setzt, unbedingt eine Lösung finden zu müssen. Genau das kann uns aber daran hindern, sie zu finden. Wir verkrampfen immer mehr und engen damit sowohl unseren körperlichen als auch unseren geistigen Horizont ein. Auf die Idee, dass uns das Loslassen weiterbringen würde, kommen wir nicht. Diese Haltung ist so ungewohnt, dass wir sie im ersten Moment auch nicht als unterstützend und machbar anerkennen. Denn was würde passieren, wenn wir loslassen und in die Entspannung gehen? Wir befürchten, dass dann nichts mehr vorangeht und wir scheitern werden. Die muskuläre Verspannung ist der Versuch, die Kontrolle zu bewahren, und die körperliche Entspannung ist daher automatisch mit der Angst verbunden, diese zu verlieren und dann keinen Einfluss mehr zu haben. Erst wenn wir einmal erfahren haben, dass das Loslassen auch körperlich zu sehr viel besseren Ergebnissen führt, können wir allmählich Vertrauen darin entwickeln.

Viele Krankheiten beruhen darauf, dass wir uns verspannen und dadurch unsere Organe beeinträchtigt werden. Sie können ja mal einen Selbstversuch starten: Ziehen Sie Ihre Bauchmuskulatur ganz fest zusammen und beugen Sie Ihren Oberkörper nach vorne. Halten Sie diesen Druck eine Weile fest und versuchen Sie, dabei tief einzuatmen. Ich vermute, Sie werden es genauso unangenehm finden wie ich. Dann richten Sie sich bitte auf, halten Ihre Wirbelsäule gerade, lassen die Schultern entspannt herunterhängen und atmen Sie nun durch. Sie werden merken, dass Ihr Atem wesentlich leichter und tiefer ist als vorher.

Sogar unsere Tiefenmuskulatur, die wir nicht bewusst wahrnehmen, hat einen großen Einfluss auf unsere körperliche Unversehrtheit. Viele Rückenschmerzen resultieren beispielsweise daraus, dass die Rückenmuskulatur unangemessen viel Kraft aufwenden muss, um eine zu geringe Bauch- und Haltemuskulatur im Rumpf auszugleichen. Noch mehr Kraft im Rücken ist keine Lösung, weil die Rumpfmuskulatur nur immer schlapper wird. Wenn der Rücken etwas nachlässt, ist der Rumpf gefordert, mehr Kraft aufzuwenden. Der eine lässt mehr los, damit der andere besser festhalten lernt.

Aus der Körperpsychotherapie ist bekannt, dass emotionale Erfahrungen sich direkt in der Körperstruktur und -haltung ausdrücken. Körperliche und seelische Traumata können das Muskel- und Bindegewebe verhärten und versteifen lassen mit der Folge, dass der Körper seinen natürlichen Zustand und seine Vitalität einbüßt und seine Beweglichkeit und sein Gleichgewicht verliert. Mit der körperlichen geht zugleich eine emotionale Beschränkung einher, die die Flexibilität im Fühlen und Handeln beeinträchtigt. Das führt zu Unsicherheit in Veränderungssituationen und dem Bedürfnis nach vermehrter Kontrolle und krampfhaftem Festhalten.

Die Kontrolle loslassen

Unser Wunsch nach Kontrolle ist umso größer, je unflexibler wir auf Veränderungen reagieren. Statt sich auf das Neue einzustellen, versuchen wir, die Folgen des Wandels zu kontrollieren und die Situation zu beherrschen.

Kontrolle ist ein Grundbedürfnis des Menschen, weil wir uns nicht ausgeliefert fühlen wollen und Einfluss nehmen möchten. In vielen Veränderungssituationen, wie beispielsweise ungewollten Umbrüchen, können wir jedoch nicht regulierend eingreifen, denn sie geschehen ohne unser Zutun. Und trotzdem versuchen wir, auch hier noch Kontrolle auszuüben. Vor allem unsichere oder verletzte Menschen, die auf jedwede Veränderung irritiert bis panisch reagieren und davon ausgehen, dass sie am Ende wieder »die Zeche zahlen« müssen, wollen alles unter Kontrolle halten, um die negativen Folgen der Veränderung abzuwehren. Ihr Motto ist: »Vertrauen ist gut, Kontrolle ist besser.« Das bedeutet, je geringer das Vertrauen in die eigene Person, ins Leben und die anderen Menschen ist, umso mehr soll Kontrolle Sicherheit schaffen und den Status quo aufrechterhalten.

Wem aufgrund negativer Erfahrungen und traumatischer Erlebnisse das Grundvertrauen fehlt, wird mit viel Angst und dem Gefühl der Bedrohung durchs Leben gehen und sich nur schwer auf Neues einlassen können. Menschen, die ihre innere Sicherheit nur über Kontrolle spüren, wird es nicht gelingen loszulassen, sogar in Situationen, in denen sie nichts ausrichten können. Das Loslassen ist für sie gleichbedeutend mit Unsicherheit und Ausgeliefertsein, weil sie die Dinge nicht nach ihren Vorstellungen beeinflussen können. Das erleben sie beispielsweise im Kontakt mit Menschen, die sich anders verhalten, als sie es erwarten oder für sich brauchen. Die Nachbarn sind zu laut, der Partner kommt immer zu spät, die Frau wird nicht rechtzeitig fertig oder fährt zu schnell Auto. Sie sind konfrontiert mit Verhaltensweisen, die ihnen große Probleme bereiten oder sie sogar schädigen. In vielen Fällen können sie durch ein klärendes Gespräch den anderen auffordern, sein Verhalten zu überdenken und zu verändern. Doch das gelingt nur, wenn die Person ihrerseits bereit ist, sich darauf einzulassen. Tut sie es nicht, müssten sie loslassen, denn sie haben keinen Einfluss mehr. Wer aber auf Kontrolle angewiesen ist, um sich innerlich sicher und gut zu fühlen, wird versuchen, den anderen zu einem anderen Verhalten zu zwingen, was jedoch in den meisten Fällen nicht gelingt. Dann bleibt nur noch der Rückzug, denn keine Kontrolle über den anderen zu haben erscheint undenkbar.

Gregor, ein Klient von mir, beschrieb seine Angst vor dem Loslassen mit einem eindrücklichen Bild: Er sitzt an einem Tisch, ganz starr und eng, und schreibt etwas mit großer Ausdauer in ein Heft. Er wirkt angestrengt und schwer. Hinter ihm steht in der Fantasie sein Alter Ego, sein genaues Gegenteil: ein Mann, der frei und leicht ist, der den Überblick hat und nur lächeln kann über den zwanghaften Mann, der wie mit Scheuklappen verbissen an seinen Vorstellungen hängt. Jener kann nichts um sich herum sehen, nur sein Ziel, das er mit aller Gewalt erreichen will. Was würde passieren, wenn er losließe? Er würde sich schämen, egoistisch zu sein, weil er aufhören würde, nach Lösungen zu suchen. Das ist sein höchster Wert, und das sieht er als seine Aufgabe an: für andere die Lösung in einem Konflikt zu finden. Loslassen widerspräche dem vollkommen, weshalb er dafür die Erlaubnis von außen bräuchte. So erlebte er es auch in seiner Beziehung. Er wollte sich »eigentlich« schon viel früher von seiner Partnerin trennen, hätte dann aber seine Hoffnung aufgeben müssen, dass sie doch noch einen Weg finden, zusammenzubleiben. Erst als sie sich von ihm lossagte, konnte er die Beziehung loslassen und fühlte sich nun so frei und leicht wie der Mann, der in seinem Fantasiebild hinter ihm steht. Dasselbe erlebte er mit einer schweren beruflichen Kränkung, unter der er jahrelang litt. Erst als seine Rente bevorstand, konnte er dieses Thema loslassen, denn dadurch würde er erlaubterweise frei sein.

Wie man am Beispiel von Gregor sieht, kommen wir mit Kontrolle nicht weiter; auch gegen Fakten anzukämpfen, hat keinen Sinn. Und dennoch gelingt uns aufgrund seelischer Verstrickungen das Loslassen aus eigener Kraft oft nicht. Spüren wir, dass wir die Situation nicht annehmen und die Tatsachen nicht anerkennen, kann das daran liegen, dass wir uns nicht trauen, weil es unseren bisherigen Verhaltens- und Einstellungsmustern widerspricht. In diesem Fall gilt es, sich klarzumachen, welche Ängste und Grundannahmen hinter dem Wunsch nach Kontrolle stehen und wie wir sie allmählich verändern können.

Der Gegensatz zur Kontrolle ist die Gelassenheit, die Fähigkeit, Dinge hinzunehmen, wie sie sind. »Gelassenheit« kommt von »lassen«. Wir nehmen hin, was wir nicht ändern können, und lassen los.

»Gott gebe mir die Gelassenheit, Dinge hinzunehmen, die ich nicht ändern kann«, lautet der erste Satz des Gelassenheitsspruchs. Auch bei Schicksalsschlägen und in Umbruchsituationen können wir auf das, was geschieht, nicht einwirken und müssen es hinnehmen, wie zum Beispiel die Kündigung einer Wohnung oder die Tatsache, dass jemand das eigene Auto kaputtgefahren hat.

Es klingt so einfach, doch fällt es den Menschen sehr schwer, von eigenen Vorstellungen und Wünschen loszulassen und eine Realität zu akzeptieren, die ihnen widerspricht.

Ich kann dich nicht verändern

Eine solche Realität, die nur schwer zu ertragen geschweige denn zu akzeptieren ist und Menschen hilflos macht, ist die Suchterkrankung eines Kindes oder Partners. An der Essstörung der Tochter beispielsweise fühlen sich die Eltern schuldig, weshalb sie alles tun, damit die Tochter wieder gesund wird. Aus der Not heraus kontrollieren sie sowohl ihr Verhalten als auch die Essensmengen, die sie zu sich nimmt. Mit der Zeit wird jedoch klar, dass diese Methode nicht zum Erfolg führt. Die Tochter verweigert sich immer mehr, was den Druck und die Kontrolle durch die Eltern verstärkt. Beide Seiten sind in einem Teufelskreis gefangen, der das Problem verschärft.

Das Dilemma, in das die Angehörigen dadurch kommen, beschreibt eine Mutter mit folgenden Worten: »Ich fühle mich wie in einer Zwickmühle. Egal was ich tue, es ist nie richtig. Wenn ich loslasse, habe ich Angst, es passiert etwas Schlimmes, aber wenn ich festhalte, wird alles nur noch schlimmer.« Es scheint, als könnte nur die Tochter die Mutter aus diesem Dilemma befreien, indem sie ihre Essstörung aufgibt. Doch wie wir sehen, geschieht genau das Gegenteil. Das hat auch damit zu tun, dass, wie in diesem Fall, die Mutter die Verantwortung für die Genesung der Tochter übernimmt. Sie glaubt, wenn sie alles richtig macht, kann die Tochter gesund werden. Das ist eine Illusion, die viele Angehörige haben, deren Kinder oder Partner leiden. Was sie im Grunde versuchen, ist, eine Veränderung im anderen Menschen zu bewirken, der selbst im Moment nicht die Motivation hat, sich darauf einzulassen. Noch mehr Druck und Kontrolle bringen keinen Erfolg, auch wenn sie vorübergehend das Gefühl der Hilflosigkeit überdecken.

Eine Suchterkrankung konfrontiert jeden Angehörigen, aber auch Therapeuten, mit einer grundlegenden Hilflosigkeit, weil wir andere Menschen nicht verändern können. Dieses Eingeständnis ist so schmerzlich und verunsichert so stark, dass die Angehörigen in einen Aktionismus verfallen, der jedoch kontraproduktiv ist. Sie überlegen sich immer wieder neue Methoden, wie sie auf die Süchtigen Einfluss nehmen können, aber sie scheitern.

Eine Veränderung kann nur dann geschehen, wenn Angehörige ihre Angst vor dem Loslassen überwinden. Dazu brauchen sie Vertrauen in die Tochter oder den Partner, dass sie ihren Weg finden werden, auch wenn es im Moment nicht danach aussieht. Sie brauchen Vertrauen in das Leben oder eine höhere Macht, dass die Dinge sich so fügen, wie es sinnvoll und letztlich gut ist. Und sie müssen sich selbst vertrauen, dass sie mit der scheinbar aussichtslosen Situation fertigwerden. Gerade in

Zeiten, in denen es uns schlecht geht, fehlt uns häufig dieses Vertrauen, obwohl wir es besonders dann brauchen.

Das Loslassen bestünde im Fall der Suchterkrankung eines Kindes oder Partners darin, den Druck einer schnellen Lösung aufzugeben und sich Zeit zu lassen, um Lösungswege zu bedenken. Es hieße, keine Verantwortung für die Betroffenen zu übernehmen, wo sie das selbst können. Stattdessen müssen die Angehörigen lernen, sich wieder mehr um sich zu kümmern und sich in den Mittelpunkt zu stellen, nicht umgekehrt. Die Wende kann kommen, wenn die Angehörigen beginnen, ihr Leben zu leben und es nicht den Suchtkranken zu opfern.

Das Loslassen ist keine einmalige Handlung, sondern ein immer wiederkehrendes Innehalten im Tun und das Akzeptieren der Geschehnisse, wie sie im Moment sind. Wenn wir etwas erzwingen wollen, gelingt es oftmals gerade deshalb nicht. Lassen wir aber los, fügen sich die Dinge nicht selten »wie von selbst«.

Man kann Loslassen aber auch zur bewussten Beeinflussung einsetzen, um beim anderen etwas zu erreichen. Nach dem Motto: »Ich lasse dich los, damit du trocken wirst.« Das ist kein Loslassen, sondern Manipulation und führt nicht zum Erfolg. Wir sind dann immer noch im Modus der Selbstaufgabe, indem wir auf den anderen und sein Verhalten fixiert sind. Indem wir loslassen, übernehmen wir Verantwortung für uns selbst und befreien uns davon, jemanden retten zu müssen. Und geben dem anderen auf diese Weise die Verantwortung für seine Genesung zurück. Loslassen heißt also, dass wir das, was wir tun, für uns tun und nicht für den anderen, um bei ihm etwas zu bewirken. Und es heißt, die Verantwortung für den Süchtigen abzugeben, wo dieser selbst für sich Verantwortung tragen muss.

Das Bedürfnis, den anderen zu verändern, betrifft jedoch nicht nur Suchterkrankungen, sondern ist auch sonst weit verbreitet. Wie oft fällt es uns schwer, den anderen so zu akzeptieren, wie er ist, und ihn nicht nach unseren Vorstellungen umzubiegen. Toleranz zu üben ist nicht leicht, weil wir dann von unseren Idealen loslassen und unseren Frust aushalten müssen. Wir sind der festen Überzeugung, es würde uns und dem anderen besser gehen, wäre er so, wie wir ihn haben wollen. Zum einen wird es uns nicht gelingen, und zum anderen würden wir damit seine Autonomie und Persönlichkeitsrechte verletzen. Nehmen wir die Andersartigkeit unseres Gegenübers lieber als Herausforderung, uns mit Unterschieden auseinanderzusetzen und gegebenenfalls unsere Einstellung zu überdenken.

Festhalten an der Opferposition

Die Frage, ob wir immer Opfer der Umstände sind, kann man mit einem klaren Nein beantworten. Dennoch ist der Schritt vom Festhalten an der Ungerechtigkeit in die Opferrolle nur klein.

Ein psychologisches Opfer ist jemand, der die Verantwortung für sein Wohlergehen anderen Menschen zuschiebt und sich selbst für unfähig hält. Er ist der Überzeugung, der andere, das Schicksal oder wer auch immer macht etwas Böses mit ihm. Nach dem Motto: »Sieh, was du mir angetan hast.« Ein Opfer fühlt sich ausgeliefert, hilflos und ohnmächtig. Sein Leid zeigt das Opfer demonstrativ, indem es seine Umwelt anklagt, statt etwas an seiner belastenden Situation zu verändern. Es spürt nicht, wie viel Macht sein Opferstatus auf die anderen ausübt und wie es damit seine Umwelt manipuliert. Der Gewinn, den das Opfer dadurch hat, verstärkt seine Opferhaltung und zementiert seine Not.

In dem Moment, in dem sich jemand zum psychologischen Opfer macht, gibt er alle Möglichkeiten der Veränderung aus der Hand. Er erwartet die Rettung von außen, ohne zu sagen, welche Unterstützung er braucht. Der andere muss wissen, was ihm helfen könnte. Die passive und anspruchsvolle Haltung macht die Opfersituation sehr komfortabel und zugleich das Loslassen extrem schwer. Diese Tatsache würde jedes Opfer allerdings vehement von sich weisen und auf die Qual verweisen, die es aushalten muss. So schließt sich ein Teufelskreis, der nur schwer zu durchbrechen ist: Der Person wird Schlimmes angetan, sie fühlt sich als Opfer und kann deshalb nichts ändern, und so wird es immer schlimmer und immer schwieriger, aus der Opferrolle auszusteigen.

Um die Opferposition aufzugeben, muss das Opfer zu allererst entdecken, was es mit sich macht. Im Grunde schreibt es sich die Opferrolle selbst zu. Kein Mensch kann jemanden zwingen, ein psychologisches Opfer zu sein. Anders ist es mit juristischen Opfern in Folge einer Straftat, aber um die geht es hier nicht. Da ist die Situation anders gelagert. Zur Veränderung der Opferhaltung gehört die Bereitschaft, aussteigen zu wollen und aktiv für sein Wohlbefinden zu sorgen. Attraktiv wird dieser Schritt in die Selbstverantwortung allein durch die Aussicht auf die Verbesserung der eigenen Befindlichkeit.

Der nächste Schritt ist, sich bewusst zu machen, warum man sich durch die eingetretene Veränderung hilflos und ohnmächtig macht und welche Alternativen einem zur Verfügung stehen, außer zu leiden. Wird man von jemandem verlassen, ist das mit einem großen Schmerz verbunden. Die Lösung kann über die Trauer erreicht werden. Fühlt man sich übergangen, kann man sich Gehör verschaffen und seinen Wunsch, gesehen zu werden, ernst nehmen. Hat jemand die eigene Grenze nicht respektiert und einen abgewertet oder gar angeschrien, hilft eine klare Grenzsetzung und der angemessene Ausdruck des Ärgers: »So gehst du nicht mit mir um!« Ist die Situation beängstigend, kann man sich Schutz und Unterstützung holen, um die Bedrohung abzuwenden.

Auf diese Art und Weise entkommt man der Opferposition, da man zum Handelnden wird und sein Wohlbefinden nicht vom Gegenüber abhängig macht. In der Opferposition bleibt man, wenn man weiterhin auf den Menschen schimpft, durch den man sich verletzt fühlt. Mit dem Hass und den negativen Gedanken bindet man sich an ihn und an das mit ihm zusammenhängende Unglück.

Die effektivste Art, nicht weiterhin Opfer zu sein, besteht darin, sich abzugrenzen. In dieser Form der Aggression liegt unsere Kraft und Selbstfürsorge.

Nur für heute

Jede Veränderung und jedes Loslassen beginnt jetzt, heute und hier. Das Prinzip des »Nur für heute« ist daher auch ein wesentliches Element im Programm der Anonymen Alkoholiker und der Suchttherapie. Für gewöhnlich versprechen Abhängige: »Morgen höre ich auf«, was aber kaum mehr als ein Lippenbekenntnis ist. Es ist ein frommer Wunsch, der die Erlaubnis beinhaltet, es heute nochmal richtig krachen zu lassen. Denn ab morgen ist ja alles vorbei. Wenn dann morgen ist, kommt der Suchtdruck zurück und das Aufhören wird auf das nächste morgen verschoben. Und so ändert sich nie etwas. Im Gegenteil, der Druck, endlich abstinent zu werden, wird immer stärker und kann im schlimmsten Fall das nächste Suchtverhalten auslösen. Druck führt zu Suchtdruck und nicht zur Lösung.

»Nur für heute« bedeutet, dass ich die Veränderung nur jetzt einleiten kann. Nur im Moment kann ich mich gegen den Alkohol oder die Zigarette entscheiden, nicht morgen. Das gilt im Übrigen für alle Veränderungen, die wir vorhaben. Jede Umsetzung eines Vorhabens beginnt heute. Verschiebe ich sie auf morgen, so zögere ich nur die Entscheidung heraus. Aufschieberitis heißt es im Volksmund, Prokrastination ist das dazugehörige Fremdwort. Wir gewinnen dadurch zwar einen Aufschub vor dem Unangenehmen, aber letztlich mehr Stress und Anspannung.

Wenden wir das Prinzip des »Nur für heute« an, so bedeutet es, die Veränderungsschritte, die nötig sind, auf einen kurzen Zeitraum zu beschränken und nicht zu weit in die Zukunft zu legen. Wenn jemand sich entschließt, mit dem Rauchen aufzuhören, ist der Gedanke, ein Leben lang ohne das Suchtmittel leben zu müssen, mit Angst und Schrecken verbunden. Das ist auch häufig der Grund, es gar nicht erst zu versuchen, weil die Vorstellung, für immer auf die Zigarette verzichten zu müssen, zu bedrohlich ist. Teilt man jedoch die Zukunft in kleine Schritte ein, dann gelingt es leichter, sich auf ein rauchfreies Leben hinzubewegen. Die Zeiteinheiten können entweder fünf Minuten sein, eine halbe Stunde, mehrere Stunden, sogar ein ganzer Tag oder noch länger, je nachdem, wie lange jemand glaubt, durchhalten zu können, ohne rückfällig zu werden. Man kann sich sagen: »Ich rauche die nächste halbe Stunde nicht.« Nach dieser halben Stunde kann man den Zeitraum verlängern auf die nächste halbe Stunde und dann auf mehrere Stunden und dann auf Tage. Welche Zeiteinheit sinnvoll und hilfreich ist, kann nur jeder für sich entschieden. Das Ziel ist nicht zu sagen: »Ich höre morgen auf«, sondern »Ich beginne heute mit einem überschaubaren Zeitrahmen.«

Diese Technik wirkt nicht nur beim Abgewöhnen einer Sucht, sondern kann auch sinnvoll angewendet werden, wenn wir sehr viel zu tun haben oder ein Projekt sehr umfangreich ist. Habe ich zum Beispiel vor, mein Büro umzustrukturieren, oder plane ich umzuziehen, kann uns die Größe des zu lösenden Problems erschlagen. In diesen Fällen bewährt es sich, in kleinen Schritten vorzugehen, wir können uns Aufgaben vornehmen, die wir heute erledigen können. Wir zerlegen die Aufgabe in einzelne Teile und bringen auf diese Weise eine Struktur in ein vormals unübersichtliches Problem. Der Riesenberg erscheint nun weniger bedrohlich, und durch die überschaubare Größe der Erledigungen sind wir motivierter anzufangen. Statt permanent daran zu denken, was alles noch getan werden muss, konzentrieren wir uns auf die Handlungen, die wir jetzt erledigen können.

Optimieren können wir diese Herangehensweise durch ein zweites Prinzip: »Das Wichtigste zuerst.« Wir beginnen mit den Aufgaben, die am dringlichsten erledigt werden müssen, um die weiteren Schritte vollziehen zu können. Dadurch verrennen wir uns nicht in Nebensächliches, sondern konzentrieren uns auf das Wesentliche. Neben der Zeitersparnis profitieren wir von den sichtbaren Erfolgen. Für die Umorganisation des Büros oder für den Umzug sind beide Prinzipien eine große Hilfe.

Auch für die Überwindung eines erschütternden Erlebnisses kann das »Nur für heute« unterstützend sein, wie wir bei Barbara Pachl-Eberhardt sahen, der die kleinen Schritte nach dem Tod ihrer Familie zurück ins Leben halfen (s. Kap. 1: »Veränderungen machen Angst«). Das gilt auch für psychische Erkrankungen wie Depressionen, Zwänge oder Phobien. Wer durch die Depression an nichts mehr Interesse hat, kann damit beginnen, jeden Tag für einen bestimmten Zeitraum etwas zu erledigen, zum Beispiel das Haus zu verlassen und spazieren zu gehen, ein Telefonat zu führen, einen Brief zu schreiben oder sogar ein altes Hobby wieder aufzunehmen. Dadurch kann es gelingen, seinen seelischen Zustand zu verändern und die Krankheit wenigstens zeitweise etwas loszulassen. Seien wir uns bewusst, dass wir nur jetzt und zu keiner anderen Zeit beginnen können.

Nur im Hier und Jetzt ist Wandel möglich

Das »Nur für heute« ist eine Form, im Hier und Jetzt zu leben. Es bringt uns in den gegenwärtigen Augenblick, in dem alles Leben und Erleben stattfindet. Leider ist unsere Aufmerksamkeit viel zu häufig in der Vergangenheit oder der Zukunft. Die Klage »Ach hätte ich doch schon eher …« bringt uns ebenso vom gegenwärtigen Moment weg wie der Traum von einer schönen Zukunft.

Präsent im Hier und Jetzt zu sein, bedeutet ein Leben in der Gegenwart und ist die Geheimformel für Glück und Gesundheit. Anders gesagt: »Carpe diem«, also »Nutze den Tag« und »Ergreife und genieße den Augenblick«. Trauere weder der Vergangenheit nach noch verliere dich in der Zukunft. Lebe jetzt!

Doch es ist gar nicht so einfach, in der Gegenwart zu bleiben, da wir uns sehr schnell und oftmals unbewusst in Gedanken, Vorstellungen und Erinnerungen verlieren. Um das zu verhindern, bedarf es einer bewussten Wahrnehmung all dessen, was in uns und um uns herum geschieht. Das erfordert Achtsamkeit für unsere Empfindungen sowie die Öffnung unserer Sinne für die Umgebung. Die Präsenz im Hier und Jetzt bedeutet ein »Da-Sein von Moment zu Moment«.

Die Gegenwart ist deshalb so bedeutend für Veränderungen, weil sie der einzige Zeitpunkt ist, an dem Entscheidungen getroffen werden können. Nur im Jetzt hat der Mensch Einfluss auf sein Leben und ist handlungsfähig. Das soll nicht heißen, dass Vergangenheit und Zukunft keine Rolle spielen oder nur Illusion sind, wie manche behaupten. Unsere Erfahrungen in der Vergangenheit prägen unsere Gegenwart und werden auch in ihr erinnert. Vieles, was wir heute sind, sind wir durch das, was wir bisher erlebt haben. Auch die Zukunft ist bedeutsam, da wir unser Handeln auf Ziele hin ausrichten. Doch sowohl die Erinnerung an Vergangenes als auch die Planung in die Zukunft hinein geschehen jetzt in der Gegenwart.

Was uns unglücklich macht, ist das Festhalten an dem, was vorüber ist, entweder weil wir es uns wieder wünschen oder weil wir glauben, etwas versäumt zu haben. Dadurch leben wir in der Vergangenheit und verpassen die Gegenwart. Loslassen hieße, die Vergangenheit abzuschließen, indem wir uns an dem erfreuen, was wir Erfüllendes erlebt haben und daraus Freude und Zufriedenheit für die Gegenwart schöpfen. Andererseits gilt es, uns zu verzeihen, was wir falsch gemacht haben oder was ungelebt geblieben ist. Rückwärts können wir nichts ändern, nur gegenwärtig akzeptieren und Frieden schließen. Und jetzt erfüllt leben. Genauso ist es mit den Zukunftsprojektionen. Statt wahrzunehmen, was das Leben heute Gutes für uns bereithält, träumen wir von einer idealen Zukunft, die so nie eintreten wird. Natürlich können wir uns schöne Zeiten ausmalen, und das kann uns motivieren, aber nur so lange, wie wir sie nicht mit der Gegenwart vergleichen. Dann nämlich sind wir enttäuscht, weil Träume meist viel schöner sind als die Realität.

Über das Festhalten an Vergangenem und Zukünftigem verlieren wir die Perspektive für das, was im Moment ist und wie wir unser Leben im Augenblick positiv gestalten können.

Das Vergangene ist vorüber

Das Loslösen von der Vergangenheit kann nicht nur das Leben erleichtern und mehr Freude bringen, sondern auch dem Überleben dienen, wie bei Viktor Frankl.[27] Der Psychologe wurde mit seiner Familie 1942 von den Nazis ins Konzentrationslager verschleppt. Seine Frau und seine Eltern starben, er selbst überlebte. In der Ausnahmesituation eines Konzentrationslagers half ihm die Konzentration auf die Zukunft, die Gegenwart zu überstehen.

Der Futurist und Speaker Patrick Lynen[28] schreibt in seinem Buch, dass sich Frankl auch in dieser schlimmen Situation nicht an den Träumen, Bildern und Wirklichkeiten der Vergangenheit festgehalten, sondern sein Handeln stattdessen auf die Zukunft ausgerichtet hat. Frankl gelang es, die Situation als eine Art Experiment zu sehen, das ihm als Psychologen die Möglichkeit gab, Extremsituationen zu erfahren und zu studieren, um die Erkenntnisse später weiterzugeben. Wie sehr hätte er sein Leid noch verstärkt, hätte er sich permanent daran erinnert, jetzt mit seiner Familie in seiner schönen Wohnung zu sitzen, zusammen zu lachen, zu reden und sich gegenseitig zu unterstützen. All das gab es jetzt nicht mehr, sondern nur die aktuelle grauenvolle Situation, die er mit aller Kraft versuchte zu überleben.

Wie oft hängen auch wir mehr an dem, was früher war, als uns auf die Gegenwart zu konzentrieren. Die Vergangenheit wird häufig verklärt, und so erinnern wir uns in der Regel nur an das Gute, das Schöne und Lebendige, vor allem dann, wenn es uns im gegenwärtigen Moment schlecht geht. »Früher war alles besser« heißt, dass wir mit unserer Gegenwart nicht zufrieden sind und uns deshalb lieber in unserer Erinnerung aufhalten. Zum Überleben einer schwierigen Situation taugt das jedoch nicht unbedingt, denn es kann die schlimme Gegenwart noch schlimmer machen, wenn wir uns immer wieder vor Augen halten, wie gut es uns früher ging. Beziehen wir uns aber darauf, was jetzt gerade ansteht, was wir im Moment tun müssen, dann können wir unsere Kräfte ganz dafür einsetzen. Das Vergangene ist vergangen, was geschehen ist, ist geschehen, und wir leben im Hier und Jetzt. Die Vergangenheit kann als schöne Erinnerung eine Kraftquelle sein, darf aber nicht in der Gegenwart so viel Raum einnehmen, dass diese nicht mehr zu bewältigen ist. Vielleicht wäre Frankl sogar verrückt geworden, wenn er permanent daran gedacht hätte, wie er jetzt leben könnte, wenn ihm dieses Unrecht nicht angetan worden wäre. Doch nicht nur das Loslassen der Vergangenheit ließ ihn die Gegenwart ertragen, sondern auch das Denken an die Zukunft. Er hatte immer vor, seine Erfahrungen später anderen Menschen mitzuteilen. Das Ziel, das er sich setzte, gab ihm Kraft, die Gegenwart auszuhalten.

Diese Art zu denken half auch Natascha Kampusch, die mit zehn Jahren entführt wurde und acht Jahre lang unter schlimmsten Bedingungen eingesperrt war. Sie kämpfte, um sich nicht unterkriegen zu lassen, und fasste den felsenfesten Entschluss zu überleben in der Überzeugung, sich mit 18 Jahren befreien zu können.[29] Und so kam es auch. Die achteinhalb Jahre in Gefangenschaft überstand sie mit Hilfe und Unterstützung älterer und stärkerer Ich-Anteile. Sie unterhielt sich mit der 18-Jährigen, die ihr Geduld und Mut zusprach, und nahm damit Kontakt zu dem Teil auf, der immer schon durchsetzungsfähig und stark war. Diese Selbstgespräche gaben ihr Trost und halfen ihr, Selbstmitgefühl für sich zu entwickeln und für das Leid, das ihr angetan wurde.

Zur Selbstunterstützung suchte sie in Gedanken sichere Orte auf, zum Beispiel den Schoß ihrer Oma, in dem sie als Kind so gern ihren Kopf versteckte und dann sicher und geborgen war. In ihrer Fantasie spürte sie die Wärme und den Geruch und erlebte die beruhigende Wirkung. In dieser Form ist die Vergangenheit eine Quelle des Zuspruchs und des Trostes, die das Erleben der Gegenwart verbessert, auch wenn sich real an der Gefangenschaft nichts verändert hat. Intuitiv bediente sich Natascha hierbei einer Methode, die auch in der Traumatherapie angewendet wird. Sichere Orte, beruhigende Bilder und die

Unterstützung stärkender Ich-Anteile helfen, sich innerlich gegen das Schreckliche zu wappnen und Traumata zu verarbeiten. Doch gerade in schwierigen und belastenden Situationen wie ungewollten Umbrüchen gelingt es uns sehr schwer, diese Form der inneren Selbstfürsorge aufrechtzuerhalten. Wir neigen dann meist aus Angst dazu, wieder in die Anspannung und die Kontrolle zu gehen.

3 Umbrüche und Krisen

Umbrüchen wirksam begegnen

In den folgenden Kapiteln beschreibe ich eine Reihe von Umbrüchen, denen wir im Leben begegnen können. Natürlich kann die Aufzählung nur lückenhaft sein, da ich nicht alle möglichen Herausforderungen aufschreiben kann. Mir ist wichtig, verständlich zu machen, dass auch schreckliche Ereignisse positive Erfahrungen nach sich ziehen können und auch freudige Veränderungen mit Angst und Unsicherheit verbunden sind. Ich will zeigen, dass auch scheinbar ausweglose Situationen nicht dazu führen müssen, leblos zu werden, sondern es Wege gibt, auch im Schmerz und der Verzweiflung dem Leben einen Sinn abzuringen.

Menschen unterscheiden sich sehr stark in der Fähigkeit, mit einschneidenden Erlebnissen umzugehen. Wer schwierige Situationen aus eigener Kraft gesund überstehen und an ihnen wachsen kann, besitzt Resilienz, eine seelische Widerstandsfähigkeit, die ich in Kapitel 4 näher beschreibe. Diese natürliche Kraft verhilft dazu, nicht zu verzagen, sondern die Herausforderungen anzunehmen und mit ihnen umzugehen. In einer resilienten Haltung zeigt sich das Selbstvertrauen einer Person in ihre Fähigkeit, Probleme zu lösen. Sie wird sich nicht auf ihre Opferrolle zurückziehen, sondern anpacken und versuchen, das Beste aus der Situation zu machen. Resilienz ist eine positive Haltung dem Leben gegenüber und zeugt von der Fähigkeit, sich nicht so schnell aufzugeben.

Ungewollte Umbrüche

Die schwierigsten Veränderungssituationen sind ungewollte Lebensumbrüche, die uns vor vollendete Tatsachen stellen, auf die wir keinen oder nur einen geringen Einfluss haben. Umbrüche sind Ereignisse, die ohne unser Zutun passieren, unser Leben auf den Kopf stellen und unsere Vorstellungen durchkreuzen. Der Umgang mit ihnen ist eine extreme Herausforderung für uns. Der Begriff Umbruch kommt aus dem französischen révolution im Sinne von Umdrehung, Umwälzung. Auch in unserem eigenen Leben können Umbruchsituationen die reinsten Revolutionen in und um uns herum auslösen. Es beginnt ein folgenreicher Wandel, bei dem so manches zu Bruch geht. Umbrüche sind keine Veränderungen, die sich langsam entwickeln und ankündigen, sondern sie geschehen schnell, oft von heute auf morgen und ungeplant. Das macht auch den Umgang mit ihnen so schwierig, weil wir uns nicht auf sie einstellen können und Ad-hoc-Lösungen finden müssen.

Umbrüche im Leben begegnen uns in der Regel in Form einschneidender Ereignisse. Das kann ein unverhoffter Lottogewinn sein, ein Engagement, auf das wir nicht zu hoffen wagten, und die Traumwohnung, die auf einmal Realität wird. Oder wir begegnen dem Partner unseres Lebens und beschließen zusammenzubleiben. Alle diese Ereignisse zwingen uns, uns mit der veränderten Lage auseinanderzusetzen. Noch schwieriger erleben wir allerdings Situationen, in denen die Umbrüche negative Folgen haben. Wir verlieren den Job, werden vom Partner verlassen, bekommen eine Krankheit, die uns daran hindert, unsere Pläne zu verfolgen, oder verlieren einen geliebten Menschen durch Tod. All das trifft uns massiv und hat häufig sogar traumatische Auswirkungen. Und dennoch müssen wir mit diesen Ereignissen umgehen, auch wenn sie eine enorme Herausforderung an unsere Anpassungsfähigkeit bedeuten.

Gerade Umbrüche, die unser Leben in einer negativen Art und Weise treffen, erfordern von uns eine hohe Aufmerksamkeit und die Bereitschaft, sich dem Neuen zuzuwenden. In Umbruchsituationen sind wir gezwungen, genau hinzuschauen und zu handeln, weil das Leben uns mit Ereignissen konfrontiert, die wir so nicht wollen und auf die wir nicht vorbereitet sind.

Die ursprüngliche Bedeutung von Umbruch ist: das Umbrechen des abgeernteten Feldes für die neue Saat und zukünftige Ernten. In diesem Sinne haben Umbrüche auch eine positive Seite und bieten uns ungeahnte Möglichkeiten. Manches muss erst zerstört werden, damit Neues wachsen kann. Das ist ein tröstlicher Gedanke und lässt das Schlimme besser ertragen, wenn wir uns ihm stellen. Dann bereiten wir den Boden für etwas Neues, das entstehen kann.

Mein Paradies lag woanders

Das Leben konfrontiert uns manchmal mit Umbrüchen, die alle Pläne zerstören, sich aber am Ende als positiv herausstellen. So ging es mir auch nach meinem Psychologie-Studium. Ich wollte gern in einer Beratungsstelle in München arbeiten, und glücklicherweise wurde um die Ecke von meiner damaligen Wohnung gerade eine Stelle frei. Eine wahre Gunst der Stunde. Es hätte alles so schön sein können, aber es sollte noch schöner werden. Das wusste ich nur damals noch nicht.

Ich bekam nämlich die Stelle nicht. In diesem Moment brach meine paradiesische Vorstellung zusammen, und ich stand vor einer Wand. Ich war gekränkt, wütend und auch sehr traurig, weil ich es mir ganz anders vorgestellt hatte. Ich hatte mir die Situation in der Beratungsstelle so schön ausgemalt, alles wäre perfekt gewesen. Und nun diese Absage. Für mich war es damals eine Katastrophe.

Da ich aber Geld verdienen musste, war ich gezwungen, mich nach einer anderen Arbeitsstelle umzuschauen, und hatte keine Zeit, mich in meinem Elend zu vergraben. Ich musste also die Idealvorstellung relativ schnell loslassen. Bald fand ich die Anzeige einer psychosomatischen Klinik im Allgäu und hatte beim Lesen das Gefühl, dass sie mich meinen. Ich hatte das große Glück, dass ich die Stelle bekam, was aber zugleich hieß, mein bisher gewohntes Leben aufzugeben und mich ganz neu zu orientieren. Das fiel mir am Anfang sehr schwer, doch ich wurde reichlich belohnt. Die neun Jahre in der Klinik waren das Beste, was mir passieren konnte. Ich arbeitete in einem wunderbaren Team mit einem klugen und kreativen Chef und legte dort die Basis für meine weitere Arbeit.

Durch dieses Erlebnis habe ich gelernt, dass das Leben manchmal klüger ist als ich und mir Möglichkeiten bietet, die ich selbst nicht in Betracht ziehen würde. Ich wollte nach rechts gehen, aber das Leben verstellte mir diesen Weg und zwang mich nach links. Besser hätte ich es nicht entscheiden können. Mitunter müssen wir dem Leben eine Chance geben, das Beste für uns zu wollen, auch wenn es unseren Vorstellungen total widerspricht.

Nicht jede Veränderung endet so positiv wie diese Geschichte, dennoch habe ich mir vorgenommen, nicht zu schnell aufzugeben, wenn etwas nicht so läuft, wie ich es mir ausdenke. Das Leben bietet uns manchmal Aufgaben, die wir gar nicht gut finden, die aber für unsere Entwicklung und unseren Reifungsprozess ganz wichtig sind. Auch schlimme Erfahrungen können etwas Positives bewirken. Das macht Mut und schenkt Vertrauen für alle möglichen zukünftigen Umbrüche.

Selbstreflexion

Betrachten Sie einmal Ihr Leben in der Rückschau: Wo haben Sie Dinge erlebt, die Sie nicht selbst entschieden haben, überhaupt nicht wollten und von denen Sie dennoch profitiert haben? Von diesen Erfahrungen können Sie lernen, die nächste Herausforderung leichter anzunehmen.

Was ist mir widerfahren, das ich gar nicht wollte?

Wie habe ich reagiert?

Welchen Nutzen konnte ich aus dieser Erfahrung ziehen?

Das Leben gibt dir Zitronen, mach Limonade draus

Der Satz »Das Leben gibt dir Zitronen, mach Limonade draus« beinhaltet eine wichtige Botschaft, die uns in Veränderungssituationen unterstützen kann. Hindernisse im Leben sind zwar schwer zu meistern, doch am Ende kann sogar etwas Positives entstehen.

Stephan Kulle[30] erzählt in seinem gleichnamigen Buch von seiner Querschnittslähmung durch einen Autounfall im Alter von 23 Jahren. In einer Zeit, in der er in der Blüte seiner Jugend stand, die Welt erobern wollte und viele Pläne im Kopf hatte, wurde er jäh ausgebremst und konnte nun überhaupt nichts mehr. Das ist eine Situation, die für jeden von uns der blanke Horror ist. Nicht nur, weil alle Pläne plötzlich nichtig geworden sind, sondern auch die aktuelle Situation sehr schwer auszuhalten ist: die Unbeweglichkeit, die totale Abhängigkeit von äußerer Hilfe und die Unsicherheit, ob das Leben jemals wieder eine gewisse Normalität bekommen wird. Stephan hatte viel Glück, denn seine Verletzung ließ es zu, dass er mit viel Willenskraft, Training, guter medizinischer Behandlung und der Hilfe vieler Menschen genesen konnte und am Ende sogar wieder laufen lernte.

»Das Leben gibt dir Zitronen, mach Limonade draus« war ein Motto, das ihn in der ganzen Zeit begleitete. Ich finde es sehr anschaulich, da jeder weiß, wie scheußlich eine Zitrone schmeckt, wenn man in sie hineinbeißt. Sie ist bitter, eklig und schrecklich sauer. Es verzieht einem das Gesicht, und man würde sie sofort als ungenießbar wegwerfen. Wie schade, denn aus einer Zitrone kann man wunderbare Dinge machen. Man kann sie zum Beispiel auspressen, mit Zucker süßen und Wasser dazugeben. So bekommt man eine herrliche Limonade. Dieser Transformationsprozess bewirkt nicht, dass die Zitrone keine Zitrone mehr ist, sondern lediglich, dass die Zitrone eine andere Bedeutung bekommt.

Übersetzt heißt es, dass wir das Schicksal, das wir erleiden, nicht verändern können, aber unsere Sicht darauf. Wir kriegen weder die Zitrone noch das Unglück durch positives Denken weg, aber wir können uns fragen, wie wir konstruktiv damit umgehen können.

Eine Gnade ist es, wenn wir dann noch den Gewinn darin entdecken. Nach dem Motto: Es gibt nichts Schlimmes, was nicht auch etwas Gutes hat. Wie hoffnungsvoll. So formulierte es der antike Philosoph Epiktet: »Es sind nicht die Dinge selbst, die uns beunruhigen, sondern die Vorstellungen und Meinungen von den Dingen.«

Trennungen und Scheidungen

Trennungen gehören zu den Veränderungssituationen, die jedem in der einen oder anderen Art schon einmal passiert sind. Allerdings ist das Erleben von Trennungen individuell unterschiedlich. Es gibt Menschen, die sich leicht ablösen können und nach einer Trennung schnell wieder in ihr inneres Gleichgewicht finden. Andere haben damit sehr viel mehr Mühe, vor allem wenn sie in frühen Jahren einschneidende Trennungen erlebt haben. Wir wissen aus der Bindungstheorie, dass Kinder, die in den ersten Lebenswochen von den Bezugspersonen getrennt werden, das als traumatische Verlassenheit verarbeiten. Das kann sich in ihrem Selbstbild niederschlagen und dazu führen, dass sie später immer wieder Trennungen befürchten oder diese mit heftigen Gefühlen beantworten. Auch starkes Festhalten am Bestehenden kann eine Folge davon sein.

Dennoch ist für jeden eine Trennung ein sehr schmerzhafter Einbruch ins Leben. Das trifft beispielsweise zu, wenn der Partner einen verlässt. Wir versuchen noch einige Zeit, die Hoffnung aufrechtzuerhalten, dass er wiederkommt, doch das tröstet nur bedingt über unseren Trennungsschmerz hinweg. Wir bleiben allein zurück, fühlen uns einsam und verlassen und müssen unser Leben ganz neu organisieren. Das betrifft vor allem Paare, die über einen längeren Zeitraum zusammenlebten. Im Laufe dieser Beziehung haben sich viele Rituale gebildet, die auf einmal null und nichtig sind. Allein zu frühstücken kann schrecklich sein, wenn das in dieser Beziehung eine wichtige gemeinsame Zeit gewesen ist. Der Spaziergang erinnert an glückliche Tage und ist ohne den anderen kaum auszuhalten. Alles allein zu tun, was man bisher zusammen gemacht hat, ist sehr schmerzhaft. Eine Trennung ist in der Regel ein ungewollter Umbruch, der uns auf uns selbst zurückwirft. Hilfe für die gebrochenen Herzen finden wir sowohl in Angeboten im Netz als auch in Büchern und in Selbsthilfegruppen. Das zeigt, wie wichtig die Auseinandersetzung mit dem Liebeskummer oder dem Trennungsschmerz ist. Trennungen durchlaufen genauso wie andere Umbrucherfahrungen verschiedene Stadien, die sich über eine längere Zeitspanne hinziehen. Zur Verarbeitung von Trennungen brauchen wir Zeit und Selbstmitgefühl. Wir unterstützen uns, wenn wir Verständnis für unsere Gefühle aufbringen und dafür, im Moment niedergeschlagen zu sein und vielleicht sogar keinen sehen zu wollen.

Eine spezielle Form der Trennung sind Scheidungen, die in den meisten Fällen mit sehr viel gegenseitigen Verletzungen verbunden sind. Das Kränkungspotenzial der Partner, die verlassen werden oder sich so fühlen, ist enorm hoch. Nicht selten reagieren sie auf die Trennung mit Wut, Verachtung und ganz gezielten Angriffen gegen den in ihren Augen untreuen Partner oder die untreue Partnerin. Wir alle kennen die zermürbenden Scheidungskonflikte, die sich über Jahre hinziehen können, weil um Geld und das Sorgerecht für die Kinder bis aufs Blut gestritten wird. In der Regel fühlen sich beide als Opfer des ehemaligen Liebespartners, womit sie ihre Aggressionen begründen. Dass sie sich letztlich gegenseitig nur Schaden zufügen, scheint für sie kein Hinderungsgrund zu sein, den Konflikt weiter anzufachen. Dahinter steht der Wunsch, den anderen zu bestrafen und die eigene Macht zu demonstrieren. Sie halten fest an ihrer Wut und ihrer Gekränktheit, statt loszulassen und sich vom anderen zu lösen, um ein neues, eigenständiges Leben aufzubauen.

Auch wenn die Anzahl der Ehescheidungen in den letzten Jahren rückläufig ist, so waren es 2016 doch insgesamt knapp 163.000 Ehen, die geschieden wurden. Es ist nicht leicht, sich einzugestehen, dass der Treueschwur nicht gehalten hat, doch mit gegenseitigen Vorwürfen löst man diese Enttäuschung nicht. Die Voraussetzung, um dem Trennungskonflikt die Schärfe zu nehmen, ist ein achtungsvoller Umgang miteinander. Auch Friederike von Tiedemann findet, dass sich eine gelungene Trennung darin widerspiegelt, dass zwischen den Partnern eine Atmosphäre von Versöhnung und Dankbarkeit entsteht.[31]

Nur weil der andere einen verlässt, heißt das nicht, dass man ihn hassen und schädigen muss. Die Wut ist berechtigt, weil sie der tiefen Enttäuschung entspringt, sie ist aber keine Entschuldigung für vorsätzliche Schikane, Verachtung und Gewalt. In diesen massiven Streitereien geht auch die eigene Würde verloren. Wenn wir den anderen wirklich so geliebt haben, dass wir ihn jetzt schwer loslassen können, dann müsste aus dieser Liebe eine andere Reaktion als Hass folgen. Wird jedoch aus der Liebe Hass, dann ist das ein Zeichen dafür, dass diese Liebe besitzergreifend war. Wahre Liebe kann loslassen, Festhalten ist ein Besitzenwollen, um sich nicht damit auseinandersetzen zu müssen, wer man ohne Partner oder Partnerin ist. Dann würden wir nämlich uns selbst begegnen, unseren Gefühlen, unserer Angst vor dem Alleinsein und der Furcht, es ohne den anderen nicht zu schaffen.

Um mit einer Scheidung und Trennung fertigzuwerden, müssen wir uns der Tatsache stellen, dass wir plötzlich für das eigene Leben allein voll verantwortlich sind. Ein solcher Schritt fällt nicht leicht, ist aber unausweichlich. Und nicht selten können wir danach neue Seiten an uns entdecken, die uns bisher unbekannt waren oder die wir uns nicht zu leben trauten. Das zeigt das folgende Beispiel.

Ich habe meine Autonomie wiedergewonnen

Verena erlebte eine plötzliche Trennung von ihrem Mann. Er eröffnete ihr eines Tages, dass er sie wegen einer anderen Frau verlassen werde. Sie fiel aus allen Wolken, aber fand zu sich selbst und zu ihrer Selbstbestimmtheit zurück.

»Als mein Mann mich nach 16 Jahren Ehe verließ, war das zuerst ein großer Schock. Ich hatte zwar schon gemerkt, dass irgendetwas mit ihm nicht stimmte, aber als er mir dann sagte, dass er sich in eine andere Frau verliebt habe, konnte ich es zuerst gar nicht glauben. Was war mit uns passiert? Was war mit ihm passiert? Oder lag es an mir? Ich machte mir sehr viele Vorwürfe und zermarterte mir das Hirn, was ich falsch gemacht habe. Das war im Grunde genau das, was ich in der Beziehung immer getan hatte: Ich bezog alles auf mich und konzentrierte mich hauptsächlich auf meinen Mann. Georg war einige Jahre älter als ich, und als ich ihn mit Anfang 20 heiratete, bewunderte ich ihn sehr. Ich stand noch ganz am Beginn meiner Ausbildung, er selbst war schon einige Jahre im Beruf, und das zog mich an. Im Laufe der Ehe habe ich mich dann mehr und mehr zurückgenommen und folgte in erster Linie seinen Vorstellungen und Bedürfnissen statt meinen. Mitunter ging es um so profane Dinge wie einen Autokauf. Statt meinen geliebten Sportwagen zu bestellen, ließ ich mich dazu überreden, eine ›Familienkutsche‹ zu kaufen. Die sei doch so viel praktischer, man könne darin Fahrräder transportieren, und in einen Sportwagen ginge ja nicht mal eine große Handtasche. Das war seine Aussage, die mich verstandesmäßig überzeugte. Und so reagierte ich während der gesamten Beziehung. Er redete mir jeden Vorschlag aus, der ihm nicht passte, und ich verhielt mich entsprechend. Auf diese Weise verlor ich im Laufe der Jahre immer mehr das Vertrauen in mich, denn ich lag ja in vielen Fällen in seinen Augen falsch. Das beeinträchtigte mein Selbstwertgefühl und führte dazu, dass ich immer mehr den Bezug zu mir verlor.

Umso schlimmer war dann die Trennung, da ich nun ganz auf mich gestellt war. Es folgte eine lange Phase der Trauer und der Wut über die verlorene Beziehung, und ich holte mir für die Verarbeitung psychotherapeutische Hilfe. Ich wollte nicht allein durch diese schwere Zeit gehen. Mein Muster, mich stets nach ihm zu richten und es ihm recht zu machen, erkannte ich erst, als ich auf einmal auf mich selbst gestellt war und für mich allein entscheiden musste und durfte. Dadurch wurde mir klar, wie viel Kraft ich besitze und wie wenig ich davon bisher gelebt hatte. Ich erkannte, dass ich häufig unglücklich in der Beziehung gewesen war, was ich jedoch nie bewusst wahrgenommen hatte. Ich glaube, ich hatte es mir auch gar nicht erlaubt, denn dann hätte ich etwas ändern müssen. Nun hatte ich mein Leben in meinen Händen und konnte damit machen, was ich wollte. Die erste sichtbare autonome Handlung war, mir meinen geliebten Sportwagen zu kaufen. Das Gefühl, das allein gemacht zu haben und nun selbstbestimmt in diesem Auto durch die Gegend zu fahren, war unbeschreiblich. Heute, in der Rückschau, wird mir klar, dass diese Trennung unausweichlich und für mein Leben sogar bereichernd war. Neben ihm hätte ich es nie gewagt, mich selbstständig zu machen und eine erfolgreiche Geschäftsfrau zu werden. Er selbst hatte dafür gar keinen Sinn und hätte mich nicht unterstützt. Im Gegenteil, er hätte mich sicherlich gebremst, und meine Angst hätte mich zurückgehalten. Als er nach zwei Jahren wieder zu mir zurückkehren wollte, da die neue Beziehung auch nicht besser war als unsere, lehnte ich ab. Ich spürte, dass ich seit der Trennung so viel für mich gewonnen hatte und andere Ziele im Leben ansteuerte, die ich mit ihm nicht hätte verwirklichen können.«

Gerade war ich noch gesund

Anders als die positiv endende Geschichte von Verena ist die Konfrontation mit einer schweren Krankheit und die Frage, wie man damit umgeht. Es ist für die Betroffenen und die Angehörigen ein großer Schreck. Vor allem wenn man sich völlig gesund fühlt und nach dem Arztbesuch plötzlich mit einer schlimmen Diagnose nach Hause kommt. Jeder von uns kennt es entweder aus eigener Erfahrung oder durch Familienangehörige, Freunde und Bekannte. In der heutigen Zeit ist besonders der Krebs eine Schreckensdiagnose, die mit viel Angst vor dem Tod und der Beeinträchtigung des eigenen Lebens assoziiert ist. Auch wenn die Medizin enorme Fortschritte bei der Behandlung von Krebserkrankungen gemacht hat, schwebt doch immer ein Damoklesschwert über den Betroffenen. Bei kleinen Symptomen, über die man früher hinweggeschaut hat, taucht sofort die Angst auf, dass es hoffentlich nicht wieder der Krebs ist, der sich zeigt. Der Umgang mit dieser Diagnose erfordert auch von den Ärzten ein großes Einfühlungsvermögen, weil die Verletzbarkeit der Patienten in einer solchen Situation extrem hoch ist. Die Verunsicherung ist nämlich immens, weil mit dieser Diagnose erst einmal alles zusammenbricht. Leider höre ich immer wieder von Menschen, dass gerade diese Empathie fehlt und sie sich von den behandelnden Ärzten nicht verstanden fühlen. Dabei ist das für den Heilungsprozess enorm wichtig, denn es gibt eine placeboähnliche[32] Wirkung in der Arzt-Patient-Beziehung. Fabrizio Benedetti[33], Professor für Physiologie und Neurowissenschaften an der medizinischen Fakultät der Universität Turin, forscht über dieses Thema. Er fand heraus, dass das Mitgefühl des Arztes für den Patienten das Hilfreichste ist, weil es ihm Hoffnung gibt. Mitgefühl als Placebo heißt, dass es zwar kein Medikament ist, aber in derselben Weise wirkt. Hoffnung ist nämlich das Wichtigste, um von einer Behandlung zu profitieren. Der Psychiater und Psychoanalytiker Michael Balint[34] sprach daher vom »Arzt als Arznei« und meinte damit dasselbe.

Die Auseinandersetzung mit einer schweren Krankheit bleibt den Betroffenen dennoch nicht erspart, macht es aber mit Unterstützung einfühlsamer Menschen erträglicher. Die 78-jährige Susanne drückt ihre Befindlichkeit nach einer Krebsdiagnose folgendermaßen aus:

»Seit einigen Monaten weiß ich, dass ich Leukämie habe. Das hat natürlich mich und mein Leben umgehauen und, wenn ich ehrlich bin, mich total durchgebeutelt.

Außer dass ich schneller müde bin, die Treppe nicht mehr sportlich nehmen kann, geht es mir gut. Aber ich mache bald eine lebensverlängernde Therapie, von der ich keine Ahnung habe, wie das meinen körperlichen Zustand verändert.

Manchmal bin ich todtraurig und dann frage ich mich aber auch, was hat sich denn schon verändert?

Ich wusste ja, dass ich irgendwann einmal würde gehen müssen, aber natürlich nicht wann und wie. Also hat sich nicht viel verändert, außer dass alles stark ins Bewusstsein getreten ist und ich nun viel mehr als früher sortiere, was wichtig und was unwichtig ist, welche Menschen ich näher haben und welche ich weggleiten lassen will, was mich hell und fröhlich macht und was mir schadet.

Ich wollte ja noch so viel und hatte immer Ziele. Mal sehen, was sich noch ausgeht. Das Leben ist eine so gute Alternative.«

Susanne ist eine sehr bewusste Frau, die einen guten Zugang zu ihren Gefühlen hat. Sie kann neben dem Schrecken und der Bedrohung zugleich spüren, worum es geht: das Leben, das ihr noch gegeben ist, so bewusst und so positiv wie möglich zu gestalten. Genau diese Haltung bewahrt sie davor, in einem tiefen Leid festzusitzen und nur noch das Negative zu sehen. Stattdessen fragt sie sich, was sie noch in ihrem Leben erleben will, mit welchen Menschen sie zusammen sein möchte und was sie nicht mehr tolerieren will. Diese Haltung sollten wir alle unserem Leben gegenüber haben, denn sie ist die Basis für ein zufriedenes und erfülltes Dasein. Sie wird uns jedoch oftmals erst in Anbetracht einer schweren Erkrankung oder des nahenden Todes in der Gänze bewusst.

Wenn es gelingt, wenigstens vorübergehend vom Schrecken der Erkrankung loszulassen und auch das Positive zu erleben, eröffnen sich neue Perspektiven, und es entsteht eine andere Sicht aufs Leben und sich selbst. Gespräche mit Betroffenen, mit Freunden und Vertrauten über die Krankheit können helfen, sie eher anzunehmen, als wenn sie verheimlicht wird. Man erfährt, wie viele Menschen ebenso betroffen sind, und kann wiederum anderen Mut machen. Die Tatsache der Krankheit kann man vielleicht eine Zeit lang verleugnen, doch irgendwann muss man sich ihr stellen mit allen Konsequenzen. Das Netz, das einen in der Situation auffängt, sind die Menschen um einen herum. Und die Fähigkeit, mit seinen Gefühlen umzugehen. Das heißt, die Traurigkeit ebenso zuzulassen wie die Angst und den Schrecken. Der Ausdruck unserer Gefühle erleichtert und entspannt, wir müssen dann nichts künstlich zurückhalten und unterdrücken.

Eine Übergangsphase in der Auseinandersetzung mit einer schweren Krankheit ist der Neid und die Wut auf alle Gesunden, die einfach so weitermachen können wie bisher. Dann quält die Frage: »Warum gerade ich? Warum gerade jetzt?« Erst nach diesem Durchgangsstadium kann eine Aussöhnung mit dem Schicksal möglich werden. In den Wandlungsphasen im letzten Teil des Buches erkläre ich diesen Ablauf.

Verwaiste Eltern

Verwaiste Eltern müssen den Verlust eines Kindes verarbeiten. Ihr Leben verändert sich völlig, und im schlimmsten Fall zerbrechen sie an diesem Schicksalsschlag.

Unter verwaisten Eltern verstehen viele nicht nur Eltern, die ein oder mehrere Kinder durch Tod verloren haben, sondern auch die, deren Kinder verschwunden oder ausgezogen sind. Letzteres würde ich nicht unter diesen Begriff subsummieren, da der Auszug von Kindern zwar auch schmerzlich sein kann, aber ein natürlicher und notwendiger Entwicklungsschritt für beide Seiten ist. Es ist ein Ablösungsprozess aus der gegenseitigen Abhängigkeit, der sowohl die Kinder als auch die Eltern zwingt, Verantwortung für ihr Leben zu übernehmen. Beide Seiten müssen voneinander und vom bisherigen Zusammenleben loslassen. Da dieser Schritt absehbar ist, können sie sich darauf einstellen, auch wenn es vielen schwerfällt, die Trennung zu akzeptieren.

Auch das Verschwinden von Kindern kann wie deren Tod erlebt werden, wobei immer noch die Ungewissheit, aber auch die Hoffnung mitschwingt, ob das Kind eines Tages doch wieder zurückkommt. Eine solche ungeklärte Situation ist quälend und nimmt kein Ende, weil sie nicht abgeschlossen werden kann. Die Eltern müssen in gleicher Weise mit dem Schicksalsschlag umgehen wie die, die den Tod ihrer Kinder zu beklagen haben. Der Schmerz über den Verlust eines Kindes dauert ein Leben lang an, und die Eltern nehmen ihn in ihren Alltag hinein. Dennoch sollte das Schmerzvolle nicht Inhalt des Lebens bleiben, sondern zum Begleiter eines Lebens ohne dieses Kind werden. Denn es gibt auch Freude trotz des Verlustes und ein Leben über die Trauer hinaus.

Ein Ermutigungsbuch für verwaiste Eltern[35] vertritt das Motto: Sei gut zu deiner Trauer, denn sie ist ein lebenslanger

Prozess. Die Autorinnen geben auch das Versprechen, dass es eines Tages leichter wird. Denn Trauernde sind der Trauer nicht ausgeliefert, sie können das eigene Leben aktiv gestalten. Nicht gegen die Trauer, sondern mit ihr. So beschreibt es auch Isabel Allende: »Ein Kind zu verlieren, ist der älteste Schmerz der Welt. Wie alle Mütter habe ich immer gedacht: Sollte meinem Kind je etwas Furchtbares passieren, sterbe auch ich. Dann ist meiner Tochter etwas Furchtbares passiert, und ich bin nicht gestorben. Erst wenn uns das Leben testet, wissen wir, wie viel Kraft eigentlich in uns steckt. Ich bin irgendwie sogar dankbar, dass ich so oft auf die Probe gestellt wurde … Als meine Tochter starb, kam die Wende: Ich lernte loszulassen. Ich konnte sie nicht vor dem Tod beschützen, ich kann niemanden vor irgendetwas beschützen.«[36]

Trauer kann man nicht einfach loslassen

Dietrich Bonhoeffer beschreibt sehr tröstend, was in einem Trauerprozess nötig ist. Nichts könne die Abwesenheit eines geliebten Menschen ersetzen. Und genau das sei zugleich das Tröstliche daran. Denn durch die entstandene Lücke, die nicht anders auszufüllen sei, bleibe man mit dem Verstorbenen verbunden.[37]

Es geht darum, sich einzugestehen, dass der Verlust eines Menschen durch keine andere Person ausgeglichen werden kann. Wir können nicht einen Menschen durch einen anderen ersetzen, denn jeder ist einzigartig genauso wie die Beziehung zu ihm. Das bedeutet, dass wir diesen Menschen, so wie er bisher Teil unseres Lebens war, loslassen müssen. Wir betrauern all das, was wir von ihm bekommen haben und ihm auch unsererseits geben konnten, was aber nun ein Ende nimmt: Vertrauen und Liebe, Sicherheit und Unterstützung, Freude und Lachen, Zuversicht und Neugier und noch vieles mehr. Tröstlich ist, dass wir einiges davon auch von und mit anderen Menschen erleben können, wenn wir offen dafür sind. Trotzdem wird es sich anders anfühlen. Die Lücke, die der Verstorbene reißt, ist zugleich die Verbindung zu ihm. Das Einzigartige an ihm und unserer Begegnung bleibt für immer in unserer Erinnerung bestehen und wird im besten Fall eine Quelle guter Gefühle. Die liebevolle Erinnerung ist der Trost in der Trauer. Und dieser Prozess braucht Zeit, denn wir können Trauer nicht einfach loslassen.

Jeder Trauerprozess ist individuell und hängt sowohl von der Persönlichkeit als auch von den Umgebungsfaktoren ab. Der Trauerstress mit seelischem und körperlichem Schmerz, einer großen Sehnsucht und Suche nach dem Verstorbenen, den Verlustgefühlen und dem Weinen wird unterschiedlich stark erlebt und variiert in seiner Dauer. Geben wir uns also die nötige Zeit, die wir brauchen, und nehmen wir die Unterstützung von außen an, von Freunden, Familienangehörigen und Bekannten. Zugleich hilft es uns, gut für uns zu sorgen und uns genügend Muße zu geben, um die Hinterlassenschaften zu ordnen und uns von vielem zu trennen, das mit dem Verstorbenen verbunden ist. Die Trauer hört dadurch zwar nicht auf, aber sie wird leichter.

Daniela Tausch[38], die ihren Mann nach nur eineinhalb Jahren Ehe plötzlich durch eine Krankheit verlor, beschreibt ihren Trauerprozess mit einem tröstlichen Bild. Sie erlebte ihre Verzweiflung wie einen Strudel, der sie herunterzog. Wenn sie versuchte, sich dagegen zu wehren, verlor sie alle Kraft. Aber wenn sie es wagte, sich von dem Sog hinunterziehen zu lassen, kam sie irgendwann unten auf und konnte sich abstoßen, um wieder ans Ufer zu schwimmen und sich auszuruhen – bis der nächste Strudel kam. Für sie war das die Erfahrung eines tragenden Grundes in sich selbst. Sie musste ihn nicht mehr nur in der Beziehung zu anderen Menschen suchen, sondern fand ihn in sich selbst, in der Dunkelheit, wo scheinbar nichts ist. Sie machte die Erfahrung, dass sie den Halt nicht fand, indem sie sich zusammenriss, sondern indem sie sich fallenließ.

Wenn wir unsere Gefühle zuzulassen, statt sie abzuwehren oder zu unterdrücken, spüren wir einen »Boden« in uns. Viel zu oft halten wir unsere Gefühle zurück, aus Angst, in ihnen zu versinken. Das mag sich vorübergehend so anfühlen, doch am Ende finden wir wieder Halt, gerade weil wir uns auf unsere Gefühle eingelassen haben. Echte Gefühle wie Trauer, Angst und Wut hören nämlich irgendwann auf, eine Tatsache, auf die wir uns verlassen können. Sie kommen zwar immer wieder, werden stärker, flauen dann aber wieder ab. Im Abflauen spüren wir die Erleichterung, da wir nicht untergehen, sondern immer wieder auftauchen. Schwimmen wir nur an der Oberfläche, indem wir unsere Gefühle zurückhalten, spüren wir keinen Boden unter unseren Füßen. Den können wir aber spüren, wenn wir uns dem Wasser hingeben und nach unten gleiten, also unseren Gefühlen vertrauen und loslassen. Der Boden gibt uns Kraft, wieder aufzutauchen und weiterzumachen. Das Absinken wird bei den meisten Menschen im Laufe der Trauer immer seltener, der innere Boden immer stärker.

Es gibt jedoch auch Menschen, denen es nicht gelingt, wieder aufzutauchen. Jeder Gedanke an den Verstorbenen oder jeder Gegenstand, der an ihn erinnert, verstärkt ihren Schmerz über den Verlust. Sie werden nicht selten versuchen, dem Verstorbenen zu folgen, indem sie sich entweder umbringen oder ihre Lebensenergie abtöten.

Für unser Seelenheil müssen wir uns zum einen von der verstorbenen Person lösen, um unsere Lebensenergie zurückzugewinnen, auf der anderen Seite alles für uns tun, was uns guttut, tröstet und vielleicht für eine gewisse Zeit von der Trauer befreit. Was auch immer es ist, ein Spaziergang mit der Freundin, ein Konzert oder ein schönes Buch, es füllt unsere Zeit mit positiven Gefühlen und hilft, das Leben wieder zu spüren und eine Auszeit von der Trauer zu nehmen. Bewegung, nach außen gehen, in Aktion kommen ist auch wichtig für unseren Körper, der uns mit seiner Kraft unterstützen kann, die schwierige Situation zu meistern.

Für uns zu sorgen bedeutet nicht, dass wir den Verstorbenen aus unseren Gedanken und Herzen vertreiben und nicht mehr an ihn denken. Im Gegenteil, dieser Mensch wird immer Teil des eigenen Lebens bleiben und in unseren Erinnerungen und Gedenken weiterleben, uns aber nicht am Leben hindern. Wenn wir uns trennen und von der verstorbenen Person lösen, können wir wieder in unser eigenes Leben zurückkehren und Erfüllung finden.

Der Trauerprozess hinterlässt Spuren, und die Einstellung des Trauernden zum Leben kann sich verändern. Sei es, dass man das Leben nun als wertvoller sieht und versucht, es intensiver zu erleben, sei es, dass man nicht über die Trennung hinwegkommt und der Verlust das restliche Leben bestimmt und alle Lebensfreude verdunkelt.

Loslassen können wir unsere Trauer nicht, aber wir können von dem Verstorbenen insofern loslassen, als wir ihn wirklich sterben lassen, und das bedeutet zu akzeptieren, dass der andere schon gegangen ist, wir aber noch auf der Welt sind. Trauern sei das Hinnehmen dessen, was geschehen und nicht mehr zu ändern ist, sagt die Traumatherapeutin Luise Reddemann.[39] Aus dem Annehmen sowohl des Schlimmen wie des Guten könne ein aufrichtiges Ja zum Leben resultieren.

Ich bin von Euch gegangen,
nur für einen kurzen Augenblick
und gar nicht weit. Wenn Ihr da
hinkommt, wohin ich gegangen bin,
werdet Ihr Euch fragen, warum
Ihr geweint habt.

LAOTSE

Kollektive Schicksalsschläge

Tod, Verlust, Krankheit und Trennungen sind persönliche Umbruchsituationen, die wir individuell bewältigen müssen. Es gibt jedoch auch kollektive Schicksalsschläge in Form von kriegerischen Auseinandersetzungen, Vertreibung und Naturkatastrophen, wie wir sie zurzeit an vielen Orten der Welt erleben. Nicht zu vergessen das Unheil durch diktatorische Regime, die die Meinungs- und Pressefreiheit einschränken, Andersdenkende verfolgen, einsperren und töten und mit Angst und Unterdrückung regieren.

In Europa und speziell in Deutschland waren der Zweite Weltkrieg und das Dritte Reich kollektive Schicksalsschläge, die bis heute nicht vollständig aufgearbeitet sind. Die Themen von Schuld, Scham, Schweigegeboten und Verdrängung der Verantwortung aus dieser Generation finden wir auch bei Menschen aus der dritten Generation, die persönlich nicht betroffen waren. Was nicht erkannt und benannt wurde, kann sich nämlich auf die eine oder andere Weise in anderen Generationen als seelische und psychosomatische Erkrankung zeigen. Deshalb plädiert Luise Reddemann auch dafür, dass wir uns emotional mit unserer Vergangenheit auseinandersetzen und »den Schatten der kollektiven Vergangenheit mehr Raum geben, uns erschüttern lassen, um zu trauern und unsere Vergangenheit zu akzeptieren, um schließlich zu einer Haltung zu finden, die trotz allem Ja zum Leben sagt, wie es Viktor Frankl formuliert hat«.[40]

Es geht um die Anerkennung des Unrechts und des unermesslichen Leidens, das den Juden, den Vertriebenen aus den besetzten Gebieten und allen Menschen, die vom Krieg betroffen waren, angetan wurde. Das Verbrecherische daran darf niemals beschönigt werden. Beschönigung und Wehleidigkeit waren kollektive Abwehrmechanismen nach dem Krieg.

Der Religionsphilosoph Martin Buber nennt Auschwitz als Symbol für die damaligen Gräueltaten »eine Wunde in der Ordnung des Seins«.[41] Der Holocaust war ein Verrat am Leben und der Ehrfurcht vor dem Leben. Es ist nicht einfach, in diesem Bewusstsein zu leben, weshalb es lange Zeit verdrängt wurde.

Wir brauchen für die Bearbeitung des kollektiven Traumas die Bereitschaft und die innere Stärke, uns mit Trauer und Schmerz auseinanderzusetzen, die Offenheit für alle Gefühle und die Fähigkeit, sie auszudrücken. Das heißt auch, unsere Schwächen und unsere Feigheit bei uns wahrzunehmen und zu akzeptieren, damit sie nicht auf andere projiziert und dort bekämpft werden müssen. Die größte Kraft ist das Mitgefühl für die Opfer, das aus dem Ja zum Leben kommt, aus der Freude und der Dankbarkeit, am Leben zu sein. Auf Täterseite bräuchte es Reue, tiefes Bedauern und den Wunsch nach zumindest symbolischer Wiedergutmachung.

Dasselbe gilt für die Wiedervereinigung von Ost- und Westdeutschland, die als kollektives Schicksal beider Länder bei weitem nicht aufgearbeitet ist. Auch hier geht es um den Mut aufzudecken, welche Fehler in diesem Prozess auf beiden Seiten gemacht wurden, welchen Illusionen wir aufgesessen sind und welche Kränkungen Ost- und Westdeutsche erlebt haben.

Die Übernahme der zugrunde gegangenen DDR in die BRD führte zu einer tiefen Kränkung, wenn nicht sogar zu einer Verbitterungsstörung der Ostdeutschen, da ihre bisherigen Werte auf einmal nichts mehr galten und dies zu einem Gefühl des Opferseins führte. Es fehlte aufseiten der Westdeutschen an einem Verständnis für diese erlebte Entwertung. Aber auch die Westdeutschen erlebten die Wiedervereinigung ambivalent, unter anderem der Kosten wegen. So entstand eine unüberbrückbare Barriere zwischen beiden Teilen Deutschlands, ausgedrückt in den Bildern vom »armen, undankbaren Ossi« und vom »reichen Besser-Wessi«.

Die Begrifflichkeit Ossis und Wessis ist schon eine unzulässige Vereinfachung und Polarisierung, die bis heute in den Köpfen der Menschen spukt. Es gibt nicht »die Ossis« und »die Wessis«, es gibt nur Menschen, die in unterschiedlichen gesellschaftlichen Systemen sozialisiert wurden und nun einen Weg zueinander finden müssen. Auf der einen Seite haben Ostdeutsche eine Sicherheit verloren, die sich unter anderem im Verlust der Jobgarantie und der Voraussagbarkeit der Ereignisse äußert, nach dem Motto: »Ich warte fünf Jahre und weiß, dass ich dann einen Trabbi bekomme.« Die gesellschaftliche Situation ist zwar unsicherer geworden, der Gewinn an Freiheitsgraden dagegen enorm. Meinungsfreiheit, das Gefühl, nicht vom Nebentisch aus bespitzelt zu werden, sich frei bewegen zu können, sind neue Werte, die unsere gemeinsame Lebenssituation prägen. Die Spaltung werden wir nur dann überwinden, wenn wir gegenseitig unsere Versäumnisse und Fehler eingestehen und zugleich das Positive würdigen, wenn wir die Bilder von besser und schlechter, von wertig und minderwertig gegen eine realistische Sicht verändern.

Neben der kollektiven Vergangenheitsbewältigung haben wir jedoch auch die Aufgabe, uns mit den kollektiven Traumata der Gegenwart auseinanderzusetzen. Tsunamis zerstören ganze Landstriche wie 2018 in Indonesien, extreme Waldbrände in Kalifornien haben im selben Jahr eine gesamte Stadt vernichtet und Tausende Menschen obdachlos gemacht, das Volk der Rohingya ist aus ihrem Land vertrieben worden, und im Jemen und in Syrien toben seit Jahren Kriege mit einem unermesslichen Leid für die dort lebende Bevölkerung. Die Folge sind millionenfache Flüchtlinge, die zum Teil unter menschenunwürdigen Bedingungen in Lagern hausen oder sich trotz Lebensgefahr über das Mittelmeer wagen, um in Europa Asyl zu finden.

Im Vordergrund steht dabei der Umgang mit den Migranten, deren Integration und Menschenwürde. Sowohl politisch als auch persönlich eine große Aufgabe. Doch das Weltkollektiv versagt. An Weihnachten 2018 wird einem Rettungsschiff mit 30 Flüchtlingen an Bord die Einfahrt in einen sicheren Hafen verwehrt, während wir in der Kirche das Christfest feiern. 2018 war das Jahr, in dem Kinder einem extremen Ausmaß an Gewalt ausgesetzt waren, berichtet das UN-Kinderhilfswerk. Wer wird dafür zur Rechenschaft gezogen? Sie wissen es selbst: keiner.

Der Mensch und seine Geschichten müssen uns als Vertreter der Weltgemeinschaft angehen, postuliert die Kolumnistin Jagoda Marinic.[42] Dazu braucht es Wagemutige wie die 6000 Mütter von Srebrenica, die für die Morde an ihren Söhnen und Männern eine Klage beim Europäischen Gerichtshof einreichten wegen Verletzung der Menschenrechte. Oder die Frauen der Rosenstraße, die 1943 die Freilassung ihrer jüdischen Ehemänner durch offenen Protest erkämpften und sie vor der Deportation retteten. Heute bräuchte es Wagemutige, die für den Schutz von Kindern kämpfen und für einen kollektiven würdigen Umgang mit den Flüchtenden. Das Gegenteil jedoch geschieht: Abschottung, Dichtmachen der Grenzen und Abschieben der Verantwortung zugunsten der eigenen Interessen.

Vermieden wird dadurch das, was zur Bewältigung von kollektiven Traumata erforderlich ist: Trauer und Schmerz zu spüren und auszudrücken, sich eigene Schwächen und Feigheit einzugestehen und das Mitgefühl für die Opfer zuzulassen. Wir brauchen zur Bewältigung kollektiver Schicksalsschläge und gesellschaftlicher Umbruchsituationen mehr Menschlichkeit, mehr Gemeinschaft, mehr Würde und Achtung vor dem Leben, mehr Demokratie und Selbstbewusstsein, um für unsere Werte zu streiten. Das würde uns auch für unsere persönlichen Krisen helfen.

Die sich wandelnde Gesellschaft

Dass wir in einer Zeit des großen gesellschaftlichen Wandels leben, dürfte bereits jedem klar sein. Die Schlagworte dazu sind Migration, Terrorismus, Veränderung der Arbeitswelt, Fachkräftemangel, Digitalisierung und Künstliche Intelligenz (KI).

Auch sehen wir uns im Moment konfrontiert mit der Auflösung bisher etablierter Volksparteien, denen sowohl rechtspopulistische als auch grüne Parteien den Rang ablaufen. Darüber hinaus herrscht ein Pflegenotstand, ein Bildungsnotstand, es fehlen Kita- und Kindergartenplätze, und die Qualität der Kinderbetreuung ist nicht gesichert. Obwohl wir in Europa und speziell in Deutschland bisher sicher vor äußeren Angriffen leben und einen sehr hohen materiellen Standard haben, scheinen uns all diese offenen Themen fast zu erdrücken. Trotz der guten Konjunktur gibt es sehr viele Menschen, die von ihrem Einkommen oder ihrer Rente allein nicht leben können. Wenn die eigene existenzielle Basis brüchig ist, ist es ausgesprochen schwer, sich um Themen wie Einwanderung und Digitalisierung zu kümmern. Kein Wunder, wenn sich die Angst in Aggression und Hass gegen Veränderungen allgemein und jene Menschen im Speziellen wendet, die zu uns fliehen.

Gerade in der Flüchtlings- und Zuwanderungssituation erleben wir, wie gesellschaftliche Umbrüche unsere innere Balance ins Schwanken bringen. Zuerst öffnen wir unsere Grenzen und Herzen, wollen helfen, alles zum Guten wenden, aber wenn es zu viel wird, machen wir dicht, sowohl unsere Grenzen als auch unsere Herzen. Das geschieht meist an dem Punkt, an dem wir das, was passiert, nicht mehr integrieren können oder wollen, weder außerhalb noch innerlich. Äußerlich haben wir scheinbar zu wenig Raum und Geld für so viele Menschen, innerlich entstehen Angst, Unsicherheit und die Befürchtung, zu kurz zu kommen. Wir erleben die Migranten als Beeinträchtigung unseres eigenen Lebens und unserer Werte: »Die nehmen uns was weg, wir müssen etwas von unserem hart erarbeiteten Wohlstand hergeben. Und wo bleiben wir?« Das tut weh und ist mit Gefühlen von Neid und Rivalität verbunden gegenüber denen, die zu uns kommen. In den USA, Südamerika, Asien und einigen Ländern in Europa, die den Nationalismus hochhalten, beherrscht diese Ansicht die politischen Entscheidungen.

Verteilungskonflikte führen in der Regel zu Konkurrenz, Rivalität und Neid, wenn die Parteien sich benachteiligt fühlen. Neid ist ein Hinweis auf eigene unerfüllte Wünsche, Konkurrenzverhalten ist der Ausdruck des Wunsches, gesehen, gehört, wahrgenommen, verstanden und nicht übersehen zu werden. »Hallo, mich gibt's auch, und ich bin mindestens so gut, wenn nicht sogar besser!« Das sind Bedürfnisse, deren Erfüllung das eigene Selbstwertgefühl stärkt, und die daher für Individuen angemessen sind, nicht aber für Staaten und deren Lenker. Wird diesen Bedürfnissen im individuellen Fall nicht ausreichend oder gar nicht Rechnung getragen, erleben die Betroffenen das als persönliche Zurückweisung und Entwertung. Durch die frustrierende Situation verunsichert, gelingt es den Menschen nicht, sich konstruktiv zu wehren und die eigene Position zu verteidigen. Ihnen bleibt nur der depressive Rückzug oder der Gegenangriff. Auf diese Weise machen Neid und Rivalität auf Dauer eng und unglücklich.

Vor großen Umwälzungen steht auch die Arbeitswelt, weshalb sie die Wandlungsfähigkeit zur Tugend macht. Zu den Kernkompetenzen zählen heute Flexibilität, Mobilität und kreative Anpassung, um Umbrüche leichter zu verdauen.[43] Der flexible Mensch kann sich mit diesen Entwicklungen besser arrangieren oder sie sogar für eine autonomere Lebensweise nutzen. Gesellschaftliche Umbrüche beeinflussen den Menschen nicht nur in der Art und Weise seiner beruflichen Tätigkeiten und den dafür notwendigen Anpassungsprozessen, sondern reichen bis in die persönliche Identität hinein. Gesundheit und leibliches Wohlergehen werden zugunsten von Arbeit und Karriere aufs Spiel gesetzt. Der Habenmodus und die Selbstentfremdung nehmen zu. Materielles trägt in Umbruchsituationen zur Stabilisierung der Identität bei, was Menschen dazu verleitet, nicht nur Waren, sondern auch sich selbst zu verkaufen. Das hat auch Einfluss auf die sozialen Beziehungen, die immer serieller im Sinne von Lebensabschnittspartnerschaften werden.

Der technische Fortschritt wird begleitet von der Frage, wie stark wir durch die Künstliche Intelligenz bedroht sind. Bisher sei sie noch nicht gefährlich, sagt der Humanist und Futurist Gerd Leonhard[44], sie wird es erst dann, wenn sie zur sogenannten »ASI« (Artificial Super Intelligence), also zur künstlichen Superintelligenz, wird. In dem Moment werden die Maschinen die Führung übernehmen, selbstständig Entscheidungen treffen und nicht mehr auf den Menschen angewiesen sein. Dann läuft der Mensch Gefahr, sich der Künstlichen Intelligenz anzupassen. Die technische Entwicklung können wir nicht mehr aufhalten, aber wir sollten sie für uns nutzen. Leonhard plädiert dafür, die neue Technologie zu umarmen, aber immer die Kontrolle und den Einfluss auf die Technik zu behalten, nicht umgekehrt. Wir sollten sie für unseren Vorteil nutzen und von ihr profitieren. Dazu müssen wir die Technik bestimmen und nicht sie uns. Wir dürfen nicht loslassen von unserer Menschlichkeit, um nicht so technisch zu werden wie der PC.

Für Systeme ist jede Veränderung der herrschenden Regeln eine Bedrohung des Gleichgewichts. Das trifft für den Menschen ebenso zu wie für Organisationen und Staaten. Befürwortetet nur ein Drittel der Menschen in einer Gesellschaft eine Veränderung, kann das schon für eine komplette Systemänderung ausreichen. Verliert das andere Drittel, das für den Systemerhalt plädiert, im Lauf der Zeit seine Durchschlagskraft, führt das dazu, dass das dritte Drittel, die Unentschlossenen, sich den Systemerneuerern anschließt. Eine sehr bedrohliche Vorstellung in Anbetracht des Vormarschs der rechtspopulistischen Parteien und Führungspersonen in Europa und weltweit. Diese Tendenz wiederum ist eine direkte Folge der Unsicherheit durch die vielen gesellschaftlichen Veränderungen. Menschen suchen dann einfache Antworten auf komplexe Fragen, die sie von den Rechtspopulisten bekommen. In ihrer Not wägen sie nicht die zukünftigen Risiken ab, sondern konzentrieren sich auf die Hoffnung einer schnellen Verbesserung ihrer Situation. Die Versprechungen aus politischem Kalkül heraus befriedigen das Bedürfnis nach Sicherheit und machen es den Rattenfängern leicht, analysiert Barbara von Meibom.[45] Bis die Menschen merken, dass die Versprechungen nicht erfüllt werden, ist es schon zu spät, denn dann haben die Verführer ihre Macht schon zementiert.

Umso mehr ist unsere Selbstverantwortung gefragt, Entwicklungen Halt zu gebieten, die in die Irre führen. »Sei Du selbst die Veränderung, die Du Dir wünschst für diese Welt«, sagte Mahatma Gandhi und spielt damit auf genau diesen Punkt an. Auch wenn aus Angst und Unsicherheit durch gesellschaftliche Veränderungen Hass und Wut entstehen, so ist doch jeder Einzelne für seine Gefühle und deren Ausdruck verantwortlich. Was dabei jedoch übersehen wird, ist, dass die Regierenden ein

Modell bieten, an dem sich die Bevölkerung orientiert. Hasstiraden, Beschimpfungen, Ausgrenzungen und Verfolgung Andersdenkender und fremder Menschen werden auf diese Weise zur Normalität und nicht mehr hinterfragt. »Warum soll ich mich zurückhalten, wenn die politisch Verantwortlichen ungezügelt ihre Ressentiments zeigen?« Und dennoch müssen wir als verantwortliche Bürger gegen diese Tendenz angehen zugunsten unserer freiheitlich-demokratischen Grundordnung und Menschenwürde.

Umgang mit Alter und Älterwerden

Unsere Gesellschaft wird immer älter, weshalb das Altern nicht nur eine individuelle Auseinandersetzung mit persönlichen Veränderungen bedeutet, sondern zugleich ein gesellschaftspolitisch hochbrisantes Thema ist. Es wird auf verschiedenen Ebenen diskutiert, zum einen über die Frage der Finanzierung der Renten und den Beginn des Renteneintritts. Aber auch Sterbehilfe, würdiges Sterben, Patientenverfügungen, Alters- und Pflegeheime und deren Versorgung sind wichtige politische Themen, die sowohl aus finanzieller als auch aus ethischer Perspektive gelöst werden müssen.

Die Alten sind eine große Käufergruppe geworden, mit der man viel Geld verdienen kann. Ich denke dabei vor allem an die Kosmetikindustrie, die durch immer perfektioniertere Mittel versucht, das äußerlich sichtbare Alter zu verändern und uns dazu anhält, auch mit 80 noch wie mit 60 auszusehen. Und dabei ist das Älterwerden individuell eine schwierige Aufgabe, die durch Faltencremes nicht gelöst werden kann. Die Forderung des »forever young« und die großen Möglichkeiten der Selbstverwirklichung, die auch alten Menschen heute zur Verfügung stehen, machen die Auseinandersetzung mit dem Alter nicht unbedingt einfacher. Es ist nicht nur ein Gewinn, sondern setzt Standards, die zu einem Anspruch werden können.

Auf der anderen Seite schreitet die gesellschaftliche Entwicklung so schnell voran, dass vieles, was die Menschen früher gelernt haben, im Alter schon längst überholt ist und sie kaum noch oder gar nicht mehr mit den Neuerungen mithalten können. Im Einzelnen schafft das entweder einen Druck, permanent weiterlernen zu müssen, oder aber es führt zu dem Gefühl, abgehängt zu sein und bedeutungslos zu werden.

Alter bedeutet Loslassen und Abschiednehmen von lieb gewonnenen Fertigkeiten und Äußerlichkeiten. Es bedeutet, die Selbstliebe nicht zu verlieren, wenn die Haut schrumpelt und der Körper seine Spannkraft verliert, wenn das Gewicht steigt und die Beweglichkeit abnimmt. Und es bedeutet, ab dem Rentenalter die Selbstachtung durch andere Dinge aufrechtzuerhalten als durch die Arbeit, die bisher eine wesentliche Quelle war. Neben den körperlichen Abbauprozessen häufen sich Erkrankungen und die Auseinandersetzung mit immer öfter auftretenden Todesfällen in der Familie und im weiteren Umfeld. Der Verlust von Menschen, die eine große Rolle im eigenen Leben spielten oder noch spielen, ist ausgesprochen schmerzlich und berührt das Thema Einsamkeit und Verlassenwerden. Vielleicht bekommt die Vergangenheit auch deswegen im Alter eine so große Wichtigkeit, die sich in den vielen Geschichten und Erinnerungen über »früher« ausdrückt. Das, was früher einmal war, ist sicher, das, was ist und kommen wird, macht Angst. So wie Kinder sich in den Schoß der Eltern flüchten, wenn sie Trost brauchen, so suchen möglicherweise alte Menschen den Schutz in der Vergangenheit bei den Menschen, die für sie von Bedeutung waren. Besonders dann, wenn die meisten von ihnen nicht mehr leben.

Das Älterwerden ist ein Prozess des Loslassens bisheriger Vorstellungen von der Welt und von einem selbst, aber auch von äußeren Dingen. Wir müssen uns von Möbeln, Hausrat und lieb gewonnenen Sachen trennen, wenn wir in eine kleinere Wohnung oder ins Altenheim ziehen. Was davon kann ich hergeben, was will ich unbedingt behalten? Dieses Loslassen ist sehr schmerzvoll, weil es bedeutet, sich einzuschränken und auf vieles verzichten zu müssen. Aber es hat auch eine gute Seite, denn das Loslassen von der Fülle bringt eine Entlastung. Man macht sich frei von »Gepäck«, das nicht mehr dringend benötig wird, und geht erleichterter weiter. Vielleicht liegt darin eine zentrale Aufgabe des Alterns, sich zu trennen und loszulassen. Und zugleich an dem Schönen und Erfüllenden dranzubleiben, das das Leben nach wie vor bereithält.

So gesehen hat das Älterwerden auch positive Aspekte. Die Altersforschung hat empirische Belege dafür, dass auch im Alter das Potenzial der seelisch-geistigen Entwicklung eine Rolle spielt. Nach Andreas Kruse erscheint das hohe Alter dabei als Möglichkeit, zu sich selbst zu werden, als Möglichkeit also, das eigene Leben in seiner Radikalität zu erkennen und zu gestalten.[46]

Aus der Glücksforschung wissen wir, dass die Glückskurve eine U-Kurve ist.[47] Das bedeutet, dass in der Lebensmitte der Glücksquotient am niedrigsten und in der Jugend und im Alter am höchsten ist. Die einen behaupten, das Zufriedenheitsniveau steige mit dem Rentenalter bis etwa zum 75. Lebensjahr an, andere fanden die glücklichste Zeit zwischen 50 und 60. Am Ende des Lebens, einige Jahre vor dem Tod, setze jedoch ein starker Rückgang der Zufriedenheit ein. Dann verliere die U-Kurve ihre Gültigkeit.

Wie es auch sei, das Alter ist geprägt von vielen positiven Erfahrungen, die zu mehr Gelassenheit führen, als man sie in jungen Jahren besitzt.

Für die Zufriedenheit im Alter spielt vor allem die sogenannte Integrität eine Rolle, die Akzeptanz des eigenen Lebens.

Es beschreibt die Fähigkeit eines Menschen, die persönliche Entwicklung mit allem Positiven, aber auch Negativem und unerfüllt Gebliebenem anzunehmen. Dadurch kommt man auch mit unverarbeiteten Themen in Kontakt. Das können erlebte Schrecken sein, unerfüllte Wünsche, verpasste Chancen und ungeklärte Beziehungen. Auf der anderen Seite verlieren alte Ressentiments und Feindschaften ihre Wirkung und machen Platz für Versöhnung und Vergebung. Viele Patienten können mit ihren Eltern erst im Alter Frieden schließen, wenn der strenge, schlagende Vater plötzlich ein hilfloser Mann ist oder die kalte, abweisende Mutter auf einmal Dankbarkeit und Zuneigung zeigt. Es ist nicht leicht, sich den unvollendeten Themen des eigenen Lebens zu stellen und zu akzeptieren, dass das Leben so und nicht anders verlief. Wem diese Auseinandersetzung gelingt, der kann sich glücklich schätzen. Die Aussöhnung mit dem eigenen Leben ist der Schlüssel für Zufriedenheit, Altersweisheit und Gelassenheit, die wir an manchen alten Menschen so schätzen.

Und sie stärkt die Bereitschaft, sich dem Lebensfluss anzuvertrauen und nicht an dem Versäumten festzuhalten. Dadurch gewinnt die Gegenwart, das Hier und Jetzt an Bedeutung. Kein Aufschieben mehr, sondern heute leben. »Wir haben zwei Leben und das zweite beginnt, wenn du erkennst, dass du nur eins hast.«[48] Für mich heißt das, dass wir den Wert des Lebens umso mehr schätzen, wenn wir uns mit seinem Ende auseinandersetzen und dann die Kraft und Lust haben, die Gegenwart intensiv zu genießen.

Geburt und Tod

Wenn wir vom Loslassen sprechen, dann müssen wir uns auch mit den Themen Geburt und Sterben auseinandersetzen. Die Geburt ist das erste Loslassen aus der Symbiose zwischen Mutter und Kind, durch die Leben geschenkt wird, und das Sterben ist das letzte endgültige Loslassen von diesem Leben.

Viele Menschen sagen, dass sie vor dem Tod selbst keine Angst haben, aber vor dem Sterben. Berichte über ein qualvolles Sterben unter Schläuchen und Sonden prägen unseren Blick negativ. Dass das nicht so sein müsste, beschreibt der Palliativmediziner Gian Borasio: »Es gibt erstaunlich viele Parallelen zwischen Geburt- und Sterbevorgang. Es sind die einzigen Ereignisse, die allen Menschen, ja allen Lebewesen gemeinsam sind. Beide laufen in den meisten Fällen am besten ab, wenn sie durch ärztliche Eingriffe möglichst wenig gestört werden.«[49]

Im Zusammenhang mit der natürlichen Geburt ist das schon lange ein Thema. Sofern keine Komplikationen vorliegen, läuft der Geburtsvorgang nach einem exakt von der Natur vorbereiteten Schema ab, das die Überlebenschancen für Mutter und Kind maximiert. Bei der Geburt ist das Loslassen lebensnotwendig und lebensspendend. Der Säugling und die Mutter müssen sich entbinden, sonst würden beide nicht überleben. Ein Eingreifen ist nur dann vonnöten, wenn die Geburtssituation sowohl für die Mutter als auch für das Kind über die Maßen belastend oder lebensbedrohlich ist.

Im Umgang mit dem Sterben zeigt die kontroverse Diskussion über Sterbehilfe und Selbstbestimmung des eigenen Todeszeitpunkts, dass der natürliche Tod noch lange nicht selbstverständlich ist. Zu oft werden lebensverlängernde Maßnahmen aus ethisch-medizinischen Notwendigkeiten angewendet, die das Leben künstlich verlängern und einen natürlichen Tod hinauszögern oder unmöglich machen, obwohl die Menschen in den meisten Fällen problemlos zu Hause sterben könnten. Interessanterweise wird aber der Tod heute fast ausschließlich als Folge einer Krankheit betrachtet. Ein natürlicher Tod zum Beispiel durch Altersschwäche, auf den man sich vorbereiten, den man erkennen und begleiten kann, wird erst durch die Palliativmedizin stärker in den Fokus gerückt. So wie wir von der sanften Geburt sprechen, sollte man Sterben den sanften Tod nennen.

Das gelang Cory Taylor, die ihr Sterben in einer für sie stimmigen Weise erleben durfte. Sie beschreibt die Erfahrungen ihres Sterbeprozesses in ihrem Buch, das schlicht »Sterben« heißt. Ich habe zwei Zitate daraus ausgewählt, weil ich sie sehr authentisch finde und überzeugt bin, dass keiner besser über das Sterben sprechen kann als jemand, der diesen Prozess durchläuft.

»Sterben hat nichts Gutes. Es ist unsagbar traurig. Aber es ist ein Teil des Lebens und niemand entkommt ihm. Hat man das erst begriffen, kann aus dem Sterben auch etwas Gutes erwachsen. Nämlich, dass man nichts mehr aufschieben kann.« [50]

Und auch die Erkenntnis, dass man all das, was man bereut, nicht getan zu haben, nicht nachholen kann. Findet man damit Frieden, kann das gelebte Leben zu einem einzigartigen Juwel werden. Umso größer ist Cory Taylors Wut darauf, jetzt sterben zu müssen. »Warum ich, warum jetzt?«, fragt sie sich. Unsinnige Fragen, wie sie selbst weiß, dennoch stellt sie sie, als könne sie damit Kontrolle über ihr Schicksal und das Gefühl, betrogen zu werden, erzwingen. Besser sei das Akzeptieren des Sterbens, das doch so schwer ist.

Schon einmal war sie dem Tod sehr nah, als jemand in ihr Auto raste, nur einen Sekundenbruchteil, nachdem sie aus ihrem gerade geparkten Auto ausgestiegen war. Sonst hätte sie wohl ihre Beine verloren, auch das, an dem einige Jahre später das Melanom auftauchte. »Wäre ich nur eine Sekunde langsamer aus dem Auto ausgestiegen, würde ich jetzt vielleicht nicht sterben. Ich hätte keine Beine mehr, sicher, wäre sonst aber gesund. Unser ganzes Leben besteht aus derlei schicksalhaften Weggabelungen. Wir sind alle nur Millimeter vom Tod entfernt, die ganze Zeit, wir wissen es nur nicht.«[51]

4 Wandlungsfähigkeit

Wandlungsfähigkeit statt Kränkung und Verbitterung

Wandlungsfähigkeit bedeutet die Bereitschaft, sich auf etwas Neues einzulassen und dem Prozess der Veränderung zu folgen. Es ist die Fähigkeit, sich verändernden Bedingungen aktiv anzupassen. Aktive Anpassung bedeutet, dass man handelnd eingreift und die Veränderung mitgestaltet, so weit es einem möglich ist, mit dem Ziel, sich an die neue Realität anzupassen. Dasselbe beschreibt das Prinzip des Loslassens und Dranbleibens: Loslassen bedeutet, sich vom Bisherigen zu lösen, um sich auf die veränderte Lage einzustellen, und Dranbleiben beinhaltet die aktive Gestaltung dessen, was unter den neuen Gegebenheiten nötig und möglich ist.

Das gelingt natürlich nicht immer, denn mitunter zerbrechen Menschen an den Schicksalsschlägen, die sie erleben. Es gibt auch äußere Bedingungen, die die Wandlungsfähigkeit beeinträchtigen, wenn man beispielsweise keine Einflussmöglichkeit auf den Fortgang der Dinge hat. Aber auch seelische Faktoren spielen bei der Wandlungsfähigkeit eine wesentliche Rolle.

Nicht nur dass es Mut erfordert, sich für andere Perspektiven zu öffnen und das Vertrauen zu entwickeln, dass man mit der neuen Lage fertig wird. Man muss auch wissen, was man tun kann und welche Hilfsmittel es gibt, um konstruktiv auf die sich verändernden Bedingungen zu reagieren. Welche psychischen Handwerkszeuge braucht man, um gut loslassen zu können, und was hilft einem, dranzubleiben? Das will ich in diesem Kapitel beantworten. Gelassenheit, Resilienz (Widerstandsfähigkeit), Aktivierung von Kraftressourcen, Optimismus und Selbstvertrauen sind nur einige Dinge, um die es gehen wird.

Sie zur Verfügung zu haben ist vor allem in den Momenten wichtig, in denen Menschen sich durch Veränderungen gekränkt fühlen und sich dagegen wehren. Die häufigsten Reaktionen auf negativ erlebte Veränderungen sind Angst, Wut, das Gefühl, unfair behandelt und zurückgesetzt zu werden. Als würden die Veränderungen sich in böswilliger Absicht gegen die eigene Person richten. Der gekränkte Mensch ist nicht bereit, sich dem Neuen zu stellen, sondern hält grollend am Alten fest. In dieser Haltung ist es sehr schwer, die möglichen Vorteile der Veränderung wahrzunehmen. Im Gegenteil belastet sich dieser Mensch zusätzlich, indem er sich beleidigt zurückzieht, sich empört und in seiner Verzweiflung keinen Ausweg sieht. Das kann in der Folge zu einer tiefen Verbitterung führen mit allen negativen Begleiterscheinungen wie Depressionen, Angstsymptomen, Schlafstörungen, tiefer Unzufriedenheit und dadurch gestörten Beziehungen. Verbitterte Menschen verlieren das Positive aus ihrem Blickfeld und leiden, weisen aber auch jede Hilfe zurück. Ihrer Ansicht nach müssen nicht sie etwas tun, sondern es müssten sich das Umfeld, die Bedingungen und die anderen Menschen ändern. Sie selbst bleiben im Opfermodus gefangen.

Selbstreflexion

Bitte überlegen Sie, welche Veränderungen bei Ihnen anstehen und wie Sie damit umgehen:

Welche Veränderungen stehen an? Worauf muss ich mich vorbereiten?

Was hilft mir dabei?

Was hindert mich, die Veränderung zu wagen?

Was hat mir bisher bei Veränderungen geholfen?

Was hat mir geschadet?

Was habe ich daraus gelernt?

Was kann mir in der nächsten Krise helfen?

Wandlungsmodelle

Veränderungsprozesse werden in sogenannten Wandlungsmodellen dargestellt, die die einzelnen Phasen oder vielleicht besser Wellen beschreiben, in denen sie ablaufen. Auch wenn jeder Wandlungsprozess individuell ist, geben die Modelle doch eine gewisse Orientierung. Sie benennen wichtige Themenbereiche zur Bewältigung schwieriger Situationen, die im Wesentlichen unbewusst ablaufen, aber in der Regel in jedem Wandlungsprozess zu finden sind.

Die einzelnen Phasen müssen nicht in der festgelegten Reihenfolge durchlaufen werden und wiederholen sich unter Umständen mehrmals. Manche Phasen werden nur gestreift, andere dauern länger an. Zu welchem Zeitpunkt welche Phase auftaucht, in welcher Stärke und wann sie wieder in den Hintergrund rückt, ist unterschiedlich. Betrachtet man die Wandlungsmodelle nicht statisch, sondern als dynamisches Geschehen, dann bilden sie die Komplexität und Vielfalt menschlichen Verhaltens und Erlebens angemessen ab.

Ein anderer Begriff für Wandlungsfähigkeit ist »Change-Management«, der hauptsächlich für Veränderungsprozesse in Organisationen verwendet wird. Inhaltlich sind die notwendigen Anpassungsprozesse in Organisationen nicht sehr viel anders als im individuellen Fall: Es ist nötig, sich an die sich verändernden Bedingungen anzupassen und sowohl die Ziele als auch die Vorgehensweisen darauf abzustimmen. Wird nicht flexibel genug auf neue Bedingungen reagiert, ist es zum Schaden für die Organisation und die Menschen. Ein gelungenes Change-Management zeigt sich in der Fähigkeit von Führungskräften, die erforderlichen Veränderungsprozesse zu identifizieren, sie anzuleiten und die Mitarbeiter für die Neuerungen zu motivieren.

Es gibt verschiedene Wandlungsmodelle, die die Durchgangsstufen eines Veränderungsprozesses beschreiben. Und zwar sowohl die individuellen als auch die organisatorischen. Was alle Modelle eint, ist eine Abfolge von Umbruch, Krise, Neuanfang und Integration des Neuen ins Alte. Zur Anschauung beziehe ich mich auf den Veränderungszyklus, der auf das Modell der Familientherapeutin Virginia Satir[52] zurückgeht. Sie beschrieb anhand von fünf Phasen die Veränderungsprozesse in Familien, die aber für Individuen wie auch für Organisationen gelten. Ich habe das Modell um die Phase des Tiefpunktes erweitert, jenen Punkt im Veränderungsprozess, an dem die Entscheidung zur Umkehr aus dem Alten ins Neue geschieht.

In einem Veränderungsprozess durchlaufen wir fünf Phasen, die vom alten Status Quo zum neuen führen. Der Wandlungsprozess beginnt mit einem einschneidenden Ereignis, das uns aus der Bahn wirft und abstürzen lässt. Wir verlieren den Halt, klammern uns an das Alte und kommen meist am Boden, dem Tiefpunkt an. Hier beginnt die Umkehr vom Alten ins Neue. Bis wir zum neuen Status Quo kommen, müssen wir viele Hindernisse bewältigen, gehen aber im besten Fall stetig

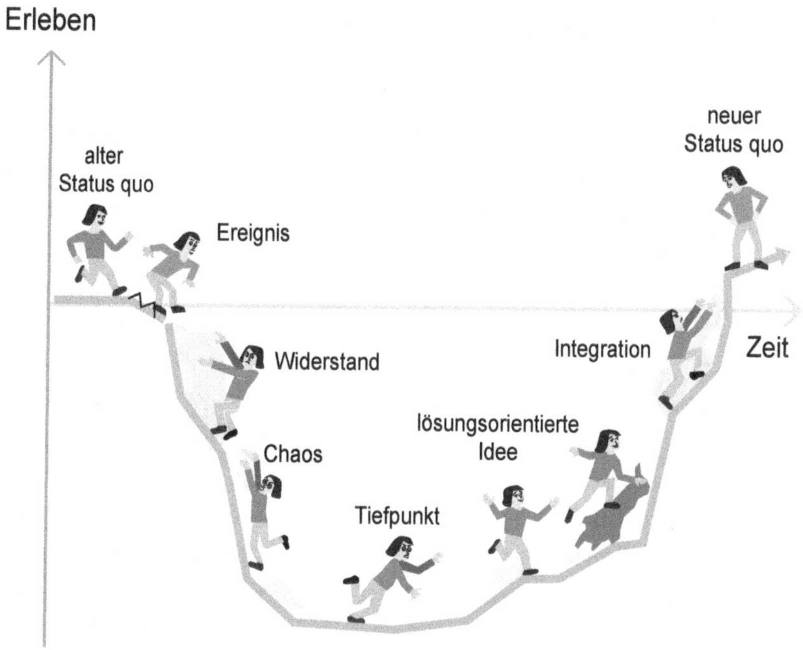

bergauf und kommen mit der Veränderung immer besser klar. Oben angekommen stehen wir woanders, als wir gestartet sind, und haben das Neue integriert.

Am liebsten würden wir diesen Weg schnell hinter uns bringen, jedoch erfordert Wandlung Zeit. Wir machen Erfahrungen, kommen einen Schritt weiter, fallen dann doch wieder in alte Muster und landen vielleicht gar nicht dort, wo wir hinwollten. Was ja nicht immer nur von Nachteil ist, wie wir bereits in Kapitel 3, »Mein Paradies lag woanders« gesehen haben.

Umbruch und Tiefpunkt

1. Jetzt ist alles noch gut

Mit altem Status quo ist der momentane Zustand gemeint, in dem wir uns befinden. Es ist alles wie immer, und wir haben nicht vor, daran zu rütteln. Wir fühlen uns in unseren Beziehungen sicher, wissen, wie wir uns zu verhalten haben, und gehen unbeirrt und kompetent unseren Weg, bis plötzlich etwas passiert, das uns aus der Bahn wirft. Die Notwendigkeit, etwas zu verändern, beginnt in dem Moment, in dem der Boden unter unseren Füßen bricht. Im Volksmund sagt man ja auch, ich habe den Boden unter meinen Füßen verloren, der Boden ist mir weggezogen worden. Ist das Ereignis nur vorübergehend und der Boden lediglich erschüttert, können wir mehr oder weniger getrost weitergehen. Ist das, was geschieht, jedoch sehr einschneidend, dann bricht der Boden weg und wir fallen. Wir versuchen, uns noch gegen den Absturz zu wehren, schaffen es aber nicht.

Das Ereignis, das uns aus der Bahn wirft, kann ein äußeres sein, zum Beispiel die Kündigung des Jobs, eine Trennung oder Erkrankung. Das Ereignis kann aber auch in einer inneren Befindlichkeitsveränderung liegen, die zu dem Entschluss führt, den Job zu kündigen und auf Weltreise zu gehen. Oder wir spüren eine tiefe Unzufriedenheit, die auf Veränderung drängt. Der Einbruch wird bei allen Ereignissen unterschiedlich erlebt und ist bei negativen Veränderungen vermutlich größer als bei einem selbst gewählten Entschluss, Neues zu wagen. Der macht aber möglicherweise auch Angst und erfordert, das gesamte Leben neu zu strukturieren, doch muss es nicht zu einem Einbruch der Lebenssicherheit kommen.

2. Schock und Widerstand

Durch den Absturz geraten wir in einen Schockzustand. »Das darf doch nicht wahr sein, das kann nicht sein.« Wir bekommen einen Riesenschreck durch das, was passiert, und wehren uns dagegen. Wir wollen nicht wahrhaben, was uns geschieht, und fangen an, das Schlimme zu verleugnen. Das geschieht oft ganz unbewusst. In dieser Phase ist der Widerstand am größten. In der Verneinung drückt sich unsere ablehnende Haltung gegenüber der notwendigen Veränderung aus. Wir wollen nicht zulassen, dass sich etwas ändert, und klammern uns verzweifelt an das Alte. Wir hängen an unserer bisherigen Lebensweise, beschönigen sie und wollen uns nicht bewegen. Das gibt uns vorübergehend Halt und Schutz vor der Angst, noch tiefer zu fallen, wenn wir uns dem Neuen stellen.

In dieser Phase ist nicht nur der Widerstand am intensivsten, sondern auch der Selbstschutz. Dass wir die unangenehmen Informationen nicht wahrhaben wollen und nicht wahrnehmen, ist nämlich ein urmenschliches Verhalten, um die geistige Gesundheit und das Wohlbefinden nicht zu gefährden. Menschen hängen an ihren Einstellungen und Vorstellungen vom Leben wie an materiellen Gütern und sind kaum bereit, sie aufzugeben.

Die ersten Reaktionen auf eine Umbruchsituation sind daher eher hirnstammgesteuerte Verhaltensweisen wie Flucht oder Totstellen. Wenn wir fliehen oder erstarren, dann entlasten wir uns zwar vorübergehend von der Bedrohung und dem Stress, werden beides aber nicht los und lösen das Problem nicht. Auch die Reaktionen anderer Menschen machen uns klar, dass wir mit Flucht oder Totstellen nicht weiterkommen. Stattdessen brauchen wir deren Unterstützung, indem wir über unsere Ängste und Zweifel sprechen und von ihnen Verständnis und möglicherweise auch Lösungsvorschläge bekommen. Vor allem ihre Empathie und ihr Mitgefühl für unser aktuelles Leid wirkt entlastend, beruhigend und stärkend.

Eine weitere Hilfe in dieser Phase ist, Ruhe zu bewahren, denn blindes Agieren nützt in der Regel nicht viel, außer dass es unsere Erregung senkt. Das erreichen wir aber auch dadurch, dass wir die belastende Szenerie aus der Distanz betrachten. Entweder schweben wir wie in einem Helikopter so hoch über ihr, dass sie uns nicht mehr ängstigt, oder wir schieben das Bild so weit von uns weg, dass wir innerlich wieder ruhig werden. Beides verschafft eine vorübergehende emotionale Entlastung und macht die Gedanken frei für neue Ideen.

Auch schöpfen wir Kraft und Zuversicht, indem wir uns an vergangene, schon einmal überstandene Umbruchsituationen erinnern. Was hat uns damals geholfen, was können wir jetzt wieder anwenden? Was haben wir aus ihnen gelernt und können jetzt darauf vertrauen, dass es uns wieder gelingen kann, sie zu meistern?

Selbstreflexion

Die Fragen, die wir uns in der zweiten Phase der Veränderung stellen können, sind folgende:

Bin ich bereit, loszulassen und mich auf die veränderte Lage einzulassen?

Welche Kräfte brauche ich, um mit der neuen Situation umzugehen?

Wo kann ich Informationen für die Verbesserung finden?

Wie kann ich mich öffnen und Ablehnung, Vermeidung und Beschuldigungen überwinden?

3. Chaos und Tal der Tränen

Die dritte Phase wird Chaosphase genannt oder Tal der Tränen. Jetzt brechen tiefe Emotionen auf, und wir fühlen uns macht- und hoffnungslos. Chaos bedeutet, dass alle Gefühle ungeordnet hochkommen, wir keine Orientierung haben, was uns helfen kann, wir zwischen Wut, Trauer, Entsetzen, Angst und Panik hin- und hergerissen sind und krampfhaft einen Halt suchen, aber keinen finden. Nach einer Trennung spüren wir Verlustschmerz und Einsamkeit, aber auch Frust, Unsicherheit und Selbstzweifel. Und wir sind deprimiert, weil wir nicht wissen, wie wir aus dieser unangenehmen Phase herauskommen. Auch können wir uns nicht mehr auf gewohntes Verhalten verlassen, da man sich in einer ungewohnten Situation befindet.

In Abbildung 1 (s. Kap. »Wandlungsmodelle«) sieht man die Person verzweifelt hängen, ihr entgleitet der letzte Halt, sie hat noch keinen festen Boden unter den Füßen und erlebt sich wie im freien Fall. Auch sieht sie nicht, wo es hingeht, geschweige denn, dass sie eine Idee hat, was sie retten kann. Die Person hängt weiter im Alten und hat sich noch nicht in Richtung Erneuerung orientiert. Vielleicht hat sie sogar die Hoffnung, wieder nach oben krabbeln zu können und dort weiterzumachen, wo sie begonnen hat. Loslassen gelingt in dieser Situation nicht.

In dieser Phase helfen uns unsere Fähigkeit und unser Mut, Gefühle zu spüren und auszudrücken: der Trauer freien Lauf zu lassen, zu weinen, zu schreien und zu toben; unsere Angst anzunehmen und unsere Wut zum Ausdruck zu bringen, die wir auf das Schicksal oder andere Menschen haben. Außerdem sollten wir unsere Unterstützungssysteme wie Familie und Freunde aktivieren, um Kurzschlusshandlungen zu vermeiden. Dabei unterstützt uns die Erfahrung, dass wir nach dem Chaos wieder festen Boden spüren werden.

4. Am Tiefpunkt

Das, was die Wandlung einläutet, ist der sogenannte Tiefpunkt.[53] Es ist der tiefste Punkt, an dem es zur entscheidenden Wendung kommt. Wir sehen es an der Person in der Zeichnung: Sie stolpert zwar noch heftig und fällt fast zu Boden, aber sie dreht sich jetzt nach rechts in Richtung Aufstieg. Sie wendet sich dem Neuen zu und kehrt dem Alten den Rücken.

Der Tiefpunkt hat eine ganz wesentliche Bedeutung für unsere innere Wandlung. Hier lassen wir vom Alten los und sind bereit, uns auf einen neuen Weg zu begeben. Es ist der Moment, an dem wir spüren, dass wir es leid sind zu leiden. Lieber wagen wir uns in das Ungewisse, als weiter das Leid des Festhaltens an der alten Situation zu ertragen.

In dem Tiefpunkterlebnis begegnen wir dem österlichen Prinzip des Stirb und Werde. Erst muss etwas in uns sterben, damit Neues entstehen kann. Wir müssen loslassen, etwas hergeben, das uns bisher lieb und teuer war, um die Chance der Veränderung zu nutzen. Zugleich ist der Tiefpunkt die Talsohle, nach der es wieder aufwärts geht. Im Sterbenlassen liegt also auch die Hoffnung auf Erlösung, die im religiösen Verständnis Auferstehung bedeutet. Tiefpunkterlebnisse sind selten nur einmalig, sie wiederholen sich so oft, bis die Umkehr unumstößlich ist.

»Ich will nie mehr so frieren« war der Satz, als sich in Kathrin, einer jungen Frau mit Magersucht, eine tiefe Wandlung hin zur Genesung vollzog. Es war eines ihrer Tiefpunkterlebnisse.

»In meinem Leben gab es viele Veränderungen, aber die wichtigste war mein Entschluss, wieder gesund zu werden. Ich litt zu diesem Zeitpunkt schon seit drei Jahren unter Magersucht und wog nur noch 39 Kilo. So abgemagert fror ich trotz dicker Kleidung und Stiefel unendlich. Mit aller Entschlossenheit wollte ich dafür kämpfen, eines Tages wieder Mahlzeiten genießen zu können und nicht nur Kalorien zu zählen. Ich hielt es nicht mehr aus, so geschwächt zu sein, dass ich keiner Straßenbahn mehr hinterherlaufen konnte, ohne dabei hinzufallen. Mit 33 Jahren versagten mir die Beine. Das konnte doch nicht sein!

Noch dazu hätte ich mir gerne wieder etwas Schönes zum Anziehen gekauft, doch was mir gefiel, gab es nicht in meiner Größe. Ich musste in der Kinder- und Jugendabteilung einkaufen, die vor 30 Jahren noch nicht so ausgestattet war wie heute. Dieses Graue-Maus-Dasein musste ein Ende haben. Aber wie ich da hinkäme, wusste ich nicht.«

Bei ihrem Entschluss, etwas zu verändern, spielte nicht nur ihre persönliche Entscheidung eine große Rolle, sondern auch Anstöße durch andere Menschen und deren Unterstützung.

»Mein damaliger Chef wies mich darauf hin, dass ich immer dünner werde und unbedingt einen Arzt aufsuchen müsste. Und dieser Arzt sagte mir auf den Kopf zu, dass ich magersüchtig bin. Auf dem Weg von diesem Arzt nach Hause fror ich unter meinem dicken Pelzmantel, der kiloschwer auf meine Schultern drückte. Ich musste ein Taxi nehmen, weil ich keine Kraft mehr hatte, mit dem Bus heimzufahren. Mir kamen die Tränen über meine elende Situation. ›Ich will nie mehr so frieren und mich so schwach fühlen.‹ Das alles führte dazu, dass ich aufwachte und nicht mehr weitermachen konnte wie bisher.«

Kathrin war an ihrem Tiefpunkt angelangt, an dem es nur noch einen Weg nach vorne gab, auch wenn sie noch nicht wusste, wie der genau aussah. Sie litt so sehr, dass sie bereit war, ihre Sucht aufzugeben. Wie schwer ein solcher Schritt ist, weiß jeder, der sich jemals von einem süchtigen oder anderen störenden Verhalten verabschiedet hat. Er gelingt in der Regel erst dann, wenn wir mehr unter den Folgen der Sucht oder des Fehlverhaltens leiden, als wir Angst haben, sie aufzugeben. Das war auch Kathrins Erkenntnis:

»Der Beginn des Neuen hat immer etwas mit einer Entscheidung zu tun. Nämlich an dem Punkt, an dem man spürt, dass man unzufrieden ist, einem etwas fehlt. Wenn ein Mangel besteht, dann kann nur ich ihn beheben. Es kommt keiner und bringt mir das, was ich möchte. Es muss einem schlecht genug gehen, um eine entscheidende Wandlung zu beginnen. Und dann muss man wollen und dranbleiben, trotz Rückschlägen und Rückfällen.«

Es sollte noch einige Jahre dauern, bis sie die Magersucht überwinden und alle Kalorientabellen aus ihrem Kopf und ihrer Küche verbannen konnte. Veränderung braucht Zeit, manchmal sogar sehr viel Zeit. Nach dem ersten Klinikaufenthalt führte eine unbedachte Äußerung einer Freundin zum Rückfall. Sie sagte: »Man sieht ja gar nichts mehr von deiner Magerkeit.« Für Kathrin bedeutete das: »Jetzt sieht man nur, dass ich zugenommen habe, was anderes sieht man nicht, was anderes kann ich nicht.« Und am nächsten Tag begann sie wieder zu hungern. Doch nie mehr so stark wie zu Beginn ihrer Erkrankung und nicht mehr lange. Sie war auf dem neuen Weg schon zu weit gegangen, um völlig abzustürzen. Und sie hatte viele gute Unterstützer in Form von Ärzten, Therapeuten, Freunden und Gleichgesinnten, die sie begleiteten. Noch heute ist ihr bewusst, dass sie viel Glück hatte, nicht bei 32 Kilo zu landen und keine gravierenden körperlichen Schäden zurückzubehalten. Sie ist dankbar, dass sie die Kurve beizeiten gekriegt hat, weil es ihr rechtzeitig schlecht genug ging. Ihre Mahlzeiten kann sie nun wieder in vollen Zügen genießen.

Heute hat sich Kathrin ausgesöhnt mit ihrer zehnjährigen Krankheitsgeschichte. Es sei ihr Weg gewesen, den sie so gehen musste. Sie musste erst hohl und leer werden, um zu erfahren, was sie in ihrem Leben will. Während der Therapie entdeckte sie ihre Ressourcen des Malens und des Schreibens. Sie bekam Lust, ihre Erfahrungen weiterzugeben, was sie in einem Buch und in vielen Artikeln und Vorträgen getan hat. Seit einigen

Jahren arbeitet sie ehrenamtlich in ihrem Verein für Menschen in Not[54], die hungern müssen, weil sie nichts zum Essen haben.

Einsicht und Neuanfang

1. Die Arbeit beginnt jetzt

Auch nach dem Tiefpunkt sind wir noch nicht am Ziel. Im Grunde beginnt erst jetzt die Arbeit. Bei Kathrin dauerte es noch sieben Jahre, bis sie ohne Magersucht leben konnte. Auch wenn es so aussieht, als hätten wir die Lösung schon gefunden, haben wir uns lediglich für das Neue geöffnet. Wie wir es umsetzen, was wir alles loslassen müssen, welche Ziele wir konkret angehen und welche Hindernisse zu überwinden sind, wissen wir noch nicht genau. Die Richtung ist zwar klar, nicht aber die konkrete Umsetzung.

Wir sind noch lange nicht am Ende, aber tasten uns mutig an die neue Situation heran, indem wir nach Lösungsmöglichkeiten und Auswegen suchen. Indem wir über unsere Situation nachdenken, können wir sie zumindest teilweise annehmen oder sogar akzeptieren. Damit geben wir auch nach und nach unseren Widerstand gegen das Neue auf. Trotzdem müssen wir in diesem Stadium immer mit Irrwegen, Irrtümern und Rückschlägen rechnen, und somit ist ein Rückfall in die Phase 2 »Widerstand« durchaus möglich.

Bleiben wir dran, dann entdecken wir neue lösungsorientierte Ideen und die Einsicht, dass unser Ankämpfen und unsere negativen Vorstellungen von dem Neuen sehr viel Energie in Anspruch nehmen und unsere Lebensfreude stark einschränken. Hindernisse sollten uns nicht zu schnell aus der Bahn werfen, sondern uns anspornen, sie aus dem Weg zu räumen oder sie zu umgehen. Jetzt ist Zeit, neue Handlungsmuster auszuprobieren und die Erfahrung zu machen, dass es weitergeht. Auch wenn wir noch nicht am Ziel sind, entsteht allmählich Hoffnung, ein Ja zur Veränderung und zur Idee, dass die Veränderung auch etwas Gutes haben könnte.

Am Ende dieser Phase haben wir uns im Idealfall mit der neuen Situation ausgesöhnt und Vorstellungen für eine Neuorientierung entwickelt. Viele Hindernisse sind überwunden, und dennoch sind wir noch nicht am Ende, es liegen immer noch Stolpersteine auf unserem Weg.

Dabei können uns Menschen helfen, die dasselbe erlebt haben und uns unterstützen und bestärken. Suchen wir nach ihnen. Wir werden sie finden, entweder persönlich oder in Büchern, Videos, Vorträgen oder Coachings.

Selbstreflexion

Fragen Sie sich bitte, welche Ziele Sie verfolgen und welche konkreten Schritte zur Umsetzung Ihrer Veränderungsziele notwendig sind:

Wo will ich hin?

Was ist mein Ziel?

Was müsste ich an mir verändern?

Was kann ich für mich tun?

Was ist für mich wichtig?

2. Integration und Selbsterweiterung

Ab jetzt geht es stetig aufwärts, auch wenn uns ein steiles Stück Weg noch bevorsteht. Doch wir sehen das Licht am Ende des Tunnels. Wir beginnen, die Situation allmählich zu akzeptieren, integrieren neues Verhalten in unser Verhaltensrepertoire und spüren eine innere Veränderung, ein inneres Wachstum und eine größere Kompetenz. Wir gewinnen ein erweitertes Selbst- und Welterleben, wie es Verena Kast[55] nennt, im Sinne einer Bereicherung unserer persönlichen Erfahrungen, einer größeren inneren Sicherheit, einer Integration traumatischer und verletzender Gefühle sowie eines neuen Blicks auf die Welt. Die Person in Abbildung 1 (s. Kap. »Wandlungsmodelle«) greift nach dem Neuen und wendet sich ihm zu, weil sie spürt, dass der Weg richtig ist. Etwas Gutes und Neues kann sich entwickeln.

Entweder gehen wir nicht weiter, weil wir noch Zeit brauchen und Geduld haben müssen, bis sich das Neue in uns endgültig formt und wir uns mit der Veränderung aussöhnen. Wir sollten auf keinen Fall zu früh aufgeben, weil Veränderungsprozesse oft lange dauern, bis sie zu einem guten Abschluss kommen.

Oder wir kehren sogar dahin zurück, wo wir herkamen, und suchen nach keiner neuen Lebensperspektive. Vielleicht weil wir uns nicht trauen und uns lieber mit den alten Bedingungen arrangieren, als den Mut zu haben, etwas Neues zu beginnen. Diese Situation finden wir sehr häufig in Abhängigkeitsbeziehungen, wenn der Schritt in die Eigenständigkeit schlimmer erscheint, als eine zerstörerische Beziehung auszuhalten. Manchmal kann es aber auch richtig sein, noch zu warten, und zwar dann, wenn der Preis der Veränderung größer ist, als sie nicht zu vollziehen. Im schlimmsten Fall jedoch leben wir nur noch in der Vergangenheit oder im Traum einer nie erreichten schönen Zukunft.

3. Vieles ist anders

Wenn wir den Veränderungsprozess gut durchlaufen haben, dann kommen wir woanders an, als wir zuvor gestartet sind. Wir sind wieder in Übereinstimmung mit uns, und durchdrungen von neuen Möglichkeiten und Ideen.

Die Person in dem Modell steht sehr kraftvoll über dem Ausgangspunkt und schaut auf den Weg zurück, den sie gegangen ist. Sie kann stolz auf sich sein, dass sie die Herausforderung angenommen hat, und daraus Kraft schöpfen für andere Veränderungssituationen und herausfordernde Ereignisse. Sie sollte ihren Erfolg zelebrieren, indem sie ihn achtet und wertschätzt. Nur weg. Dann kann sie von ihm profitieren.

Auch wenn wir da oben stehen, heißt das nicht, dass wir es jetzt für immer und ewig geschafft haben. Nein, es kann wieder etwas passieren, das uns zwingt, einen neuen Veränderungsprozess zu durchlaufen. Vielleicht mit etwas mehr Sicherheit und Risikobereitschaft. Indem wir anfangen, über den Sinn des Ereignisses nachzudenken, erkennen wir dessen Bedeutung, die wir vorher nicht gesehen haben. Dann können wir auch neue Prioritäten im Leben setzen, denn vielleicht war der Platz oben links, von dem aus wir gestartet sind, gar nicht einer, der uns glücklich gemacht hat. In diesem Sinne kann man mit Max Frisch sagen: Eine Krise kann ein produktiver Zustand sein. Man muss ihr nur den Beigeschmack der Katastrophe nehmen.

Positive Ergebnisse des Wandlungsprozesses

Im Folgenden fasse ich die Herausforderungen und positiven Ergebnisse eines gelungenen Wandlungsprozesses zusammen:

- Lebenskrisen reißen uns aus der Gleichgültigkeit.
- Sie helfen uns zu erkennen, dass unsere eigenen Grenzen noch nicht erreicht sind.
- Die Einsicht, dass Verlust und Veränderung zum Leben gehören, hilft uns, mit ihnen fertigzuwerden, und gibt Mut, uns aufs Leben einzulassen, selbst wenn es wieder Rückschläge gibt.
- Die Erfahrung, dass wir eine schwere Aufgabe bewältigt haben, stärkt unser Selbstwertgefühl.
- Wir erkennen vielleicht, dass die Lebenskrise auch ihr Gutes hatte.
- Wir sind gezwungen, über den Sinn des Lebens nachzudenken, und setzen dadurch neue Prioritäten im Leben, zum Beispiel, andere Menschen mehr zu akzeptieren, zu einer gewaltfreieren Kommunikation zu finden oder mehr für die Gesundheit zu tun.
- Gelungene Veränderungsprozesse führen zu Wachstum, Persönlichkeitserweiterung und zur Überwindung von Kränkungen.
- Sie bieten eine Chance, traumatische und belastende Gefühle zu integrieren, indem die Bedrohung überwunden wurde.
- Am Ende stehen wir an einem anderen Punkt in unserer Entwicklung als zu Beginn. Das ist der Zuwachs, der Gewinn, wenn wir die Chance haben, die Veränderung konstruktiv zu vollziehen.

Auf zu neuen Ufern

»Auf zu neuen Ufern« ist die Überschrift über Isoldes Geschichte. Vieles von dem, was sie erlebt hat, ist uns schon in der Beschreibung des Veränderungsmodells begegnet. Sie selbst hat ihren Prozess in drei Phasen aufgeteilt:

1. Stadium: Kränkung, Kampf und Trauer
2. Stadium: Flucht und Aktionismus
3. Stadium: Loslassen und Sinnfindung

Isolde hat eine große Enttäuschung in ihrem Beruf erlitten, die sie zwang, sich neu zu orientieren. In diesem Prozess hat sie einen bisher nicht gekannten Teil von sich entdeckt, der ihre Einstellung zur Arbeit verändert hat. Statt fleißig zu leisten und perfekt zu funktionieren, ist ihr neuer Kompass die Frage »Was will ich?« Ihr Prozess ist noch nicht abgeschlossen, jedoch ist sie auf einem sehr guten Weg mit einem neuen beruflichen Ziel im Auge. Was sie erlebt hat, ist ein Beispiel sowohl für einen Umbruch durch äußere Einflüsse als auch durch eine selbstgewählte Veränderung, die ihr Leben tiefgreifend beeinflusst.

»Die erste Phase der Veränderung war eine tiefe Kränkung. Ich arbeitete seit 20 Jahren in diesem Unternehmen und habe meine Arbeit geliebt. Durch Umorganisationen änderte sich vieles, zuerst die Stimmung, dann meine Arbeit. Alle wurden immer unzufriedener und unmotivierter, aber wir machten einfach weiter.

Dann kam der Tag, an dem ich mir dachte: ›Noch tiefer soll´s nicht bergab gehen!‹ In meiner Abwesenheit während einer Dienstreise haben sie mir ohne mein Wissen viele meiner liebsten Arbeitsbereiche weggenommen. Ich war außer mir, fühlte mich zurückgesetzt und litt sehr unter dem Verlust. Mir wurde entzogen, was mir Sicherheit gegeben hat und was ich geliebt habe. Meine erste Reaktion war, gegen die Veränderungen zu kämpfen. Ich wollte unbedingt etwas retten und suchte das Gespräch mit meiner Vorgesetzten. Ich beklagte mich bei ihr, weil diese Neuerungen nicht abgesprochen waren und ich es wieder so haben wollte, wie es einmal vereinbart war. Die Worte meiner Chefin gaben mir zu denken: ›Es ist halt jetzt so, du musst dich damit abfinden. Du solltest an dir arbeiten. Wenn du immer alles so persönlich nimmst, dann wirst du damit nicht fertig.‹ Ja, ich nahm es persönlich, denn es betraf mich ja persönlich.

Bis ich merkte, dass es darum gar nicht ging, weil die Veränderung ein Teil eines sehr großen Umstrukturierungsprozesses in der Organisation war und ich spürte, dass ich darin nicht mehr mitmischen konnte. Es war alles von der obersten Ebene aus organisiert, und die, die mir die Arbeitsfelder weggenommen hatten, waren auch nur kleine Rädchen im gesamten Gefüge. Sie wollten nicht gegensteuern, aber es wäre ihnen auch nicht möglich gewesen. Die Kränkung habe ich irgendwann überwunden, weil ich gemerkt habe, ich bin nicht gemeint, ich bin nur ein Spielball in dem Riesending. Ich habe mir dann eingestanden: ›Egal was du auch versuchst, es ist eigentlich nichts mehr zu retten.‹

Den Tipp, an mir zu arbeiten, habe ich gerne aufgegriffen, weil ich gemerkt habe, ich muss tatsächlich etwas Neues machen, denn so geht es nicht weiter. Damals habe ich beschlossen, ich möchte nicht geändert werden, sondern selbst ändern, in eigener Regie. Wichtig war dabei der Trauerprozess, mich von meiner alten Arbeit und dem guten Betriebsklima, das bisher herrschte, zu verabschieden. Der Schmerz kam in Schüben und hat mir sehr zugesetzt. Die ganze Veränderung brach wie eine große Welle über mir herein und wirbelte mich rum.

Um mich zu beruhigen, beschönigte ich meine Situation und redete mir ein, dass alles nicht so schlimm sei und ich mich nicht anstellen solle. Auch meine Kollegen haben mir geraten, es hinzunehmen, wie es nun einmal ist. Ich solle akzeptieren, dass die Dinge sich ändern, und lernen, mich anzupassen. Die, die mir diese Tipps gaben, kamen aber selbst damit nicht klar, sie wurden aggressiv und schlugen um sich. Wo waren meine netten Kollegen geblieben? Ich war sehr irritiert. Meine Kränkung konnte ich zwar loslassen, aber an dem Alten blieb ich noch hängen.

In der zweiten, der Aktionismus-Phase, verfiel ich in einen übertriebenen Tatendrang, als könne der mich retten. Statt weniger zu arbeiten, habe ich gerade in den Feldern, die ich nicht mag, immer mehr gearbeitet. Ich bin zu Meetings gegangen, die für mich gar keine Rolle mehr spielten, aber es war das alte Muster. Ich habe im Grunde mehr gearbeitet als je zuvor, und nebenbei angefangen, mich ganz systematisch zu bewerben. Ich habe gelernt, wie man gute Bewerbungen schreibt, und habe mich geschult, mich auf dem Markt anzupreisen. Das fiel mir als schüchternem Menschen nicht so leicht, und daher musste ich in dieser Zeit viele Hürden überwinden. Ich war auch bei einem Vorstellungsgespräch und habe gemerkt, dass es gutgegangen ist, dass ich das kann, und es hat mir sogar Spaß gemacht. Aus dem Job ist nichts geworden, aber sie haben mir signalisiert, dass ich sehr gut war. Und gleichzeitig konnte ich in dieser Phase noch nicht loslassen. Ich hing immer noch an der Idee, dass ich für meine Sicherheit sorgen muss und daher den Job nicht aufgeben kann. Außerdem merkte ich, dass ich mich eigentlich wieder für dieselben Sachen beworben habe, die ich bisher gearbeitet habe, also aus dem Alten in das Alte. Aber ich hatte keine Ahnung, was es anderes sein kann.

Weil ich nicht weiterkam, ging ich für drei Sitzungen zu einem Jobcoach, merkte aber, dass ich noch nicht so weit war, jetzt schon eine Veränderung durchzuziehen. Ich war erst den allerersten Schritt gegangen. Dann habe ich versucht, mich über Bücher schlauzumachen. Ich habe viele Geschichten von Leuten gelesen, denen es ebenso ergangen ist, und was die jetzt machen. Die Leute haben erzählt, dass man sich verändern kann, und die Ängste seien normal. Immerhin bin ich schon 47. Kriege ich das noch hin, nimmt mich überhaupt noch jemand? Ja, es gibt Leute, die haben es geschafft, ja, es geht weiter. Das waren Botschaften gegen die Ängste.

Ich sagte mir, dass meine Angst mein Bodyguard sei, der meine Sicherheit will, so wurde ich leichter mit ihr fertig. Der Bodyguard schaltet den Angstknopf ein, um mir zu sagen, worauf ich aufpassen muss. Die Angst gehört dazu, und ich muss lernen, ihr zu begegnen und sie zu akzeptieren, um mich zu beruhigen und Lösungen zu finden.

Wichtig war mir immer Sicherheit, und die hatte mir meine Anstellung gegeben. Wie kann ich mir in Zukunft Sicherheit schaffen und überleben, wenn ich an diesem Zustand etwas ändere? Ich beruhigte mich: Es wird irgendwelche Lösungen geben. Einen Teilzeitjob werde ich schon finden, der mich ernährt. Dann bin ich noch in soziale Netzwerke gegangen und dann hatte meine Mutter noch einen Unfall. Und ich dachte: ›Oh Gott, und jetzt?‹ Das überstieg meine ganzen Kräfte. Ich kam gar nicht mehr richtig zum Nachdenken, ich war wie festgefahren.

In der dritten Phase bin ich zu einem Veränderungscoach gegangen, der nach dem Prinzip des Wishcraft arbeitet, also der Kraft des Wunsches. Danach soll man nicht nach dem schauen, was man kann, weil man dann schnell ins alte Muster verfällt, sondern herausfinden, was man gerne tut. ›Das, was du gerne tust, kannst du auch.‹

Das war ein Schlüsselerlebnis in dem ganzen Veränderungsprozess, und ich begann mir zu überlegen, was ich möchte.

Am liebsten würde ich selbstständig arbeiten, weil ich dann machen könnte, was ich wirklich will. Diese Idee war aber verbunden mit der Vorstellung großer Armut oder sich totzuarbeiten. Der Coach sagte: ›Du musst eine Vision kriegen, die dich zieht, und nicht aus dem Fluchtreflex heraus handeln.‹ Lange Zeit war ich wie gelähmt, ich kam nicht an mich und meine Wünsche ran. Ich drehte mich im Kreis. Aber vielleicht braucht es auch eine Gärungszeit. Eines Morgens wirst du aufwachen, und du weißt, das ist es.

Am 12. Dezember passierte etwas. Ich hatte einen Film über ein kreatives Fotografie-Start-up gesehen und war fasziniert. Jeder machte dort das, was er am liebsten tat und was er am besten konnte. Und gegenseitig haben sie sich unterstützt. Dieser Film war wie eine Zündung, wie eine Feuerwerksrakete, ich war besessen von der Idee, ein kreatives Fotostudio aufzumachen und mit anderen zusammen unsere Ideen umzusetzen. Zuvor hatte ich monatelang keine Energie und dachte schon, ich hätte einen Burnout, weil ich so fertig war. Plötzlich war die ganze Energie wieder da. Es waren bisher bereits zehn Monate vergangen. Jetzt kam das Loslassen.

Wenn man unter Druck ist, schnell was zu finden, kann es sein, dass gar nichts Gutes passiert. Weil man sich nicht die Zeit lässt, den Prozess durchzugehen. Eine Freundin sagte mir, ich würde kämpfen und kämpfen, und das kostet doch viel Energie. Sie frage sich, ob es nicht darum gehe loszulassen. Erst habe ich mich sehr gewehrt und verteidigte mich: ›Es muss doch was vorangehen, sonst passiert nichts.‹ ›Es kann aber auch nichts passieren, wenn du die ganze Zeit herumwuselst‹, entgegnete sie. Das hat in mir gearbeitet, und danach kam die Entscheidung loszulassen.

Ich erklärte das Jahr 2018 kurzerhand zu meinem ›Forschungsfreisemester‹, in dem ich herausfinden wollte, was ich wirklich will. Es wurde das Jahr des Loslassens. Ich handelte nicht mehr zielgerichtet, schrieb keine Bewerbungen mehr, sondern tat all die Dinge, die mir Spaß machten. Trotzdem hatte ich immer noch Angst, meine bisherige Arbeit loszulassen, weil ich nicht wusste, was kommt. Wird wirklich eine neue Tür aufgehen? Oder muss ich zurück in die alten Verhältnisse?

Noch vor einem halben Jahr hätte ich nicht aus dem alten Job gehen können, ich hing noch zu sehr daran. Die Trauer, der Abschiedsschmerz, alles war noch viel zu stark. Jetzt merkte ich, ich könnte gehen. Und durch das Loslassen und mir Zeit nehmen sind die Ängste viel geringer geworden. Bereits vor vier Jahren haben sich die Dinge an meiner Arbeitsstelle ins Negative gewandelt, und damals hatte ich schon überlegt, etwas zu verändern. Aber es war nicht schlimm genug. Es war noch zu nett und sicher. Ich brauchte erst den Leidensdruck, um etwas Neues in Gang zu bringen.«

Engpass – Polarität zwischen Entwicklung und Sicherheit

Isolde muss einige Engpässe aushalten, bis sie einen neuen Schritt gehen kann. Der Begriff Engpass, wie ich ihn hier verwende, beschreibt das seelische Erleben des Stillstands, den Punkt, an dem es nicht mehr weitergeht, an dem man weder vorwärts noch rückwärts kommt. Man steckt fest und weiß nicht, wohin es geht und wohin man sich wenden soll.

Der Engpass ist wie ein Flaschenhals, durch den man durchmuss, damit sich hinterher etwas öffnet. Bei jeder Veränderung müssen wir mehr oder weniger durch diese enge Stelle, die sich so anfühlt, als würden wir nie ans Ziel kommen. Und das oft nicht nur einmal, denn der Engpass kann auf allen Stationen des Wandlungsprozesses eintreten. Wer im Engpass steckt, erfährt ein existenzielles Dilemma. In das alte Verhalten will man nicht mehr zurück, in das Neue traut man sich noch nicht. Bei Isolde war das Neue ein Leben nach ihren Bedürfnissen und Vorstellungen. Sie spürte, was sie wollte, nämlich selbstständig und kreativ arbeiten, hatte aber Angst, ihre Sicherheit aufzugeben. Deshalb blieb sie im alten Job, obwohl sie unglücklich war. In ihrer Not fiel sie zurück in ihren alten Aktionismus, in der Hoffnung, dadurch einen neuen Weg zu finden. Sie bewarb sich, arbeitete mehr denn je, doch es änderte sich nichts an ihrer Situation. Bis sie spürte, dass sie im Alten nach dem Neuen suchte. Noch mehr Tun führt nicht zum Ziel, vielmehr muss man stehen bleiben und den Engpass aushalten. Und die Angst, dass nichts weitergeht.

Dieser Zustand wird oft als inneres Durcheinander, als Nichts, als Orientierungslosigkeit erlebt, verbunden mit Unzufriedenheit und einer unspezifischen Erregung. Isolde nannte ihn Gärungszeit, in der sie irgendwann in Kontakt mit ihren Wünschen und Vorstellungen kam. Und dann auch loslassen konnte. Ich habe es einmal Suchphase genannt, als ich mich nach einer neuen Wohnung umsah und im Grunde nicht wusste, wo ich wirklich hinwill. Gärungszeit oder Suchphase klingen sehr viel beruhigender als Engpass, auch wenn es sich um dasselbe handelt. Finden wir einen freundlichen Namen für ein unangenehmes Geschehen, fühlt es sich gleich leichter an. Zugleich benennt er das, worum es wirklich geht, nämlich um suchen, gären lassen und den Stillstand bis zur Lösung aushalten.

Es ist eine entscheidende Stelle im Wachstumsprozess, weil nach dem Engpass die Öffnung passiert, verbunden mit Freude und Zufriedenheit. Das Ziel ist das Erleben von Ganzheit, der Übereinstimmung von Wunsch und Handlung. Es führt zu einer Weiterentwicklung der Person, zu ihrem Selbstsein. Jetzt wird auch die Energie frei, die als Erregung im Engpass so anstrengend und zehrend ist, und kann sich in Handeln und Fühlen entladen.

Welche Kompetenzen ermöglichen Wandel?

Welche Kompetenzen brauchen wir, um uns auf einen Wandlungsprozess einzulassen und ihn konstruktiv abzuschließen? Im Folgenden möchte ich einige dieser Kompetenzen auflisten, die aus verschiedenen therapeutischen Richtungen kommen wie der Weisheitstherapie, der Gestalttherapie und der Logotherapie. Sie sind jedoch auch ohne psychotherapeutische Hilfe anwendbar.

Die Kompetenzen beziehen sich zum einen auf die Wahrnehmung und den Ausdruck von Emotionen, zum anderen auf die Veränderung unserer Denkmuster und unseres Verhaltens und zum Dritten auf die Suche nach Sinn.

Weisheitskompetenz

Weisheit wird als eine komplexe psychische Fähigkeit verstanden, die einer Person hilft, schwierige Lebenssituationen und Probleme zu bewältigen. Aus der philosophischen Weisheitsperspektive bedeutet weises Verhalten, sich in widrige Gegebenheiten zu fügen, Unveränderliches zu akzeptieren und zu ertragen. Auch der Psychologe Michael Linden beschreibt Weisheit als die Einsicht, dass es häufig keine einfachen Lösungen gibt und das Leben nun einmal unvorhersehbar ist. Weisheit bestehe nicht darin, »die Welt verändern zu wollen, auch nicht in der Hoffnung, grundlegende Lebensbedingungen verändern oder Probleme endgültig lösen zu wollen«.[56]

Weisheit befähigt den Menschen, diese Spannung auszuhalten und sich von dem schrecklichen Ereignis zu distanzieren sowie Kränkungen und Belastungen so zu verarbeiten, dass sie nicht die Handlungen beeinträchtigen, Beziehungen zerstören und das Leben zum Stillstand bringen. Weisheit in diesem Sinne können wir lernen, indem wir Bewältigungskompetenzen entwickeln. Ich habe acht ausgewählt, die für Wandlungsprozesse von Bedeutung sind: emotionale Intelligenz; Selbstverantwortung; Fakten- und Strategiewissen; hilfreiche Überzeugungen und Einstellungen; den richtigen Moment nutzen; Widerstände und Frustration aushalten sowie Würde spüren.

Emotionale Intelligenz

Daniel Goleman[57] entwickelte Mitte der 1990er Jahre das Konzept der emotionalen Intelligenz (EI) als Gegenstück zum Intelligenzquotienten, dem IQ. Unsere Intelligenz ist unverzichtbar, um Probleme zu lösen und Veränderungen zu bewirken, sie reicht jedoch nicht aus, wie wir es schon im Zusammenhang mit der Intuition erfahren haben. Ein kluger Kopf allein macht keinen wandlungsfähigen Menschen, wenn er es nicht auch versteht, mit seinen Gefühlen umzugehen.

Unter emotionaler Intelligenz versteht man die Fähigkeit, das Spektrum eigener Emotionen wahrzunehmen und zu benennen. Das klingt fast banal, ist jedoch für viele Menschen nicht so einfach. Sie wehren ihre Emotionen ab, weil sie zu schmerz- oder schambesetzt sind. Gefühle vermeiden Menschen auch deshalb, weil sie sie schon ein Leben lang unterdrücken. Treten sie dann in einer Umbruchsituation auf, stehen sie ihnen hilflos gegenüber, weil sie keine Erfahrung haben, mit ihnen umzugehen. Im Gegenteil, sie fühlen sich von ihnen überschwemmt und können nicht mehr zielgerichtet handeln. Gefühle sind jedoch nicht gefährlich, sie bringen uns auch nicht um, denn wir haben sie schon mal gefühlt und überlebt. Und deshalb können wir sie auch jetzt aushalten.

Und dennoch weichen wir oft vor unseren Gefühlen aus, zum Beispiel mithilfe von Suchtmitteln, durch permanentes Agieren und sich Überarbeiten oder durch die Verleugnung unserer Betroffenheit: »Ist doch nicht so schlimm«, »Das halte ich schon aus.« Unsere Vermeidungsmechanismen sind vielfältig und oft sehr effektiv. Wir übersehen dabei aber, dass nicht ausgedrückte Emotionen eine Wirkung entfalten. Auch verdrängtes Material belastet uns und erzeugt einen hohen inneren Druck, der sich in Streitsucht, Depression oder auch psychosomatischen Krankheiten ausdrückt.

Eine gute Selbstwahrnehmung hilft uns dagegen, den Kontakt zu unseren Gefühlen herzustellen und angemessen zu handeln, statt kopflos zu agieren.

Stellen Sie sich vor, Sie müssen Ihr geliebtes Büro verlassen und werden in ein eher ungemütliches Zimmer umgesetzt, weil es aus technischen Gründen nicht anders geht. Sie sind sauer und wehren sich gegen diese Veränderung, werden aber nicht gehört. Schlucken sie Ihren Ärger runter, kann das zu Magenschmerzen oder zeitweisem Bluthochdruck führen und steuert Ihr Verhalten. Sie vergessen wichtige Termine, erledigen Arbeiten fehlerhaft und drücken auf diese unbewusste Weise Ihren Unmut aus. Spüren Sie jedoch Ihren Ärger, müssen Sie ihn nicht unter-, sondern können ihn aus-drücken. Manchmal hilft es, bei Freunden seinen Zorn herauszulassen, andere gehen in den Wald und schreien aus vollem Herzen, wieder andere schreiben sich die Wut von der Seele. Welcher Ausdruck auch immer für Sie passt, er hilft, die innere Spannung zu reduzieren und durch die Anerkennung des Gefühls in Balance zu kommen.

Ist der größte Druck erst einmal vorüber, schaltet sich der Verstand ein, um eine adäquate Lösung zu finden. Sie können mit dem Verantwortlichen ein Gespräch führen und ihm Ihr Unbehagen mitteilen oder sich für eine Anwartschaft auf das nächste freie Büro anmelden. Sie können es sich mit schönen Accessoires behaglich machen und dem neuen Raum vielleicht sogar etwas Positives abgewinnen. Oder Sie müssen sich im Moment mit den Gegebenheiten arrangieren und loslassen.

Für einen erfolgreichen Veränderungsprozess ist es unerlässlich, die eigenen Gefühle zu kennen, sie zu beeinflussen und vor allen Dingen auch zu kontrollieren.

Wir sehen es im Zusammenhang mit Kränkungen, wenn die durchbrechende Kränkungswut nicht mehr zu zügeln ist und zu Gewalttätigkeiten bis hin zu Mordtaten führt. Sind wir jedoch mit unseren Aggressionen vertraut, können wir sie angemessen ausdrücken und in eine konstruktive Handlung umsetzen. Wir können uns dann in Situationen, die uns beeinträchtigen, zielgerichtet abgrenzen.

- Der erste Schritt zur Emotionswahrnehmung: Nehmen Sie sich etwas Zeit für sich, bewahren Sie erst einmal Ruhe und atmen Sie gleichmäßig ein und aus. Ist Ihr Stress sehr groß, können Sie sich hilfreiche Bilder vorstellen, die Sie beruhigen. Das kann eine Erinnerung an eine Situation am Meer sein oder an einen Spaziergang im Wald. Auch das Musikhören oder das Lesen von Texten, die uns ansprechen, bewirken, dass das Erregungsniveau zuerst einmal sinkt.
- Der zweite Schritt ist: Finden Sie heraus, was genau Sie an der momentanen Situation so beunruhigt. Welche Gefühle stecken hinter Ihrer Erregung? Ist es Angst, Wut, Traurigkeit, Scham oder Freude? Oder sogar mehrere Gefühle zugleich?
- Der dritte Schritt: Welche Art des Ausdrucks steht Ihnen zur Verfügung? Welche Bedürfnisse haben Sie im Moment? Möchten Sie getröstet werden oder brauchen Sie jemanden zum Zuhören, suchen Sie Verständnis oder Rat?

Es ist eine Form der Selbstfürsorge, sich wahrzunehmen und auf die eigenen Gefühle und Bedürfnisse adäquat zu reagieren. Je vertrauter wir mit unseren Gefühlen werden, umso besser können wir auf sie reagieren und lernen, sie auszuhalten. Und wir finden besser heraus, welche Möglichkeiten wir haben, um die Situation zu unseren Gunsten zu verändern.

Selbstverantwortung

Bei allen Veränderungen, vor denen wir stehen, müssen wir uns bewusst sein, dass jeder persönlich gefordert ist, bei sich selbst anzufangen. Wir können uns zwar gegen das Übel im Außen auflehnen, doch kommen wir dadurch kaum weiter. Stattdessen geht es darum, die Problemlösung und die Veränderung in unsere Hände zu nehmen und eigenverantwortlich damit umzugehen. Wir machen die Probleme dadurch im wahrsten Sinne des Wortes handhabbar. Das betrifft natürlich auch den Einsatz unserer Kräfte, um belastende Lebensbedingungen aktiv anzuprangern und sich für deren Veränderung einzusetzen.

Nehmen wir die technische Entwicklung. Wir können das Internet, Selfies und soziale Medien für schlecht halten, sie bekämpfen und in einen Kulturpessimismus verfallen. Aber das nützt nichts, damit werden wir die Entwicklung weder aufhalten noch rückgängig machen oder in irgendeiner Form beeinflussen.

Was aber würde passieren, wenn wir aufhören, diese Entwicklungen zu verteufeln und anzuerkennen, dass sie nun einmal da sind? Dann kommen wir in Kontakt mit unseren eigenen Themen und Gefühlen. Entweder mit der Traurigkeit, zu alt zu sein und den Anschluss zu verlieren und ihn auch nicht mehr zu bekommen. Oder mit dem Druck, sich in den sozialen Medien permanent zur Schau zu stellen müssen, um viele Follower zu gewinnen. Es ist viel einfacher zu sagen, das ist alles schlecht, als zu sagen, was mache ich jetzt damit, wie gehe ich damit um?

Das bedeutet nicht, dass wir keine Kritik äußern dürfen, im Gegenteil. Kritik ist aber etwas anderes als über eine Gegebenheit zu schimpfen und sie zu entwerten. Kritik benennt, was uns missfällt, und lässt Raum für Veränderung, aber auch fürs

Loslassen. Das Abwerten dagegen hält an dem Negativen fest, ohne Einfluss zu nehmen, und heizt das Problem an. Dass sich die Dinge verändern, muss nämlich nicht automatisch bedeuten, dass sie schlechter werden, es kann auch das Gegenteil eintreten. Dafür müssen wir aber offen sein.

Zur Selbstverantwortung gehört auch die Frage, wo unsere Einflussmöglichkeiten enden. Wir können nicht alles beeinflussen, und mitunter ist es sinnvoller, loszulassen und sich mit unveränderbaren Gegebenheiten abzufinden. Dazu brauchen wir Gelassenheit, eine Akzeptanz des Nicht-Machbaren und die Fähigkeit, unsere Ohnmacht auszuhalten und anzunehmen.

Die Selbstverantwortung bietet die Chance, aus der Schuldzuweisung herauszukommen und sein Glück und sein Leben in die eigenen Hände zu nehmen. Das führt zum Gefühl der Kontrolle, Einfluss nehmen zu können auf das, was geschieht. Im Fall von Umbrüchen können wir die Ereignisse nicht ändern, aber die Art, wie wir damit umgehen.

Fakten- und Strategiewissen

Entscheidungen treffen wir umso besser, je mehr Wissen wir über das haben, was wir verändern wollen. Ich erinnere an Isolde, die sich aus Büchern, im Netz und durch Gespräche mit anderen auf unterschiedlichen Ebenen informierte. Dabei spielten sowohl das Fachwissen über Start-ups als auch Erfahrungsberichte von Betroffenen eine Rolle. Neben dem Faktenwissen brauchen wir das Strategiewissen, das sich auf unsere Fähigkeit bezieht, Probleme zu lösen. Bin ich überhaupt fähig, Entscheidungen zu treffen, oder lähme ich mich durch die Ambivalenz zwischen »Ich will« und »Ich kann nicht«? Ist es mir möglich, Ziele konkret zu benennen, auf die hin ich mich verändern will, und meine bisherigen Erfahrungen dafür sinnvoll zu nutzen?

Ich kann zwar eine Ahnung haben, wie man ein Start-up gründet und welche Ausstattung man dazu braucht, aber das allein reicht nicht. Ich brauche auch eine zündende Idee, um Investoren zu mobilisieren und Erfolg zu haben. Wichtig ist dafür eine geistige Flexibilität. Ein planloses Vorgehen würde vermutlich zum Scheitern führen.

Selbstreflexion

Um Ihr Fakten- und Strategiewissen zu testen, helfen Ihnen folgende Fragen:

Bin ich bereit, etwas Neues zu lernen, das meinen bisherigen Vorstellungen widerspricht?

Welches Wissen hat sich bewährt und kann mir nutzen?

Was muss ich dazulernen?

Welche Informationen brauche ich, um die nächsten Schritte zu planen und durchzuführen?

Hilfreiche Überzeugungen und Einstellungen

Unsere Überzeugungen und Einstellungen beeinflussen unsere Wandlungsfähigkeit. Schon Epiktet sagte: »Es sind nicht die Dinge selbst, die uns beunruhigen, sondern die Vorstellungen und Meinungen von den Dingen.« Die Verzweiflung ist umso größer, je schlimmer man die Krise bewertet und umso weniger man an ihre Überwindung glaubt. Überzeugungen wie »Nie mehr komme ich da raus«, »Das schaffe ich nie«, »Das Leben ist zu Ende« rufen Angst und Mutlosigkeit hervor. Solche bannenden Glaubensmuster können Sie verändern, indem Sie sie positiv umschreiben: »Irgendwann komme ich da raus, ich brauche halt Zeit«, »Ich kann das schaffen, und wenn nicht, hole ich mir Hilfe«, »Ich lebe noch, also ist mein Leben nicht vorbei, auch wenn es sich im Moment wie tot in mir anfühlt.«

Auch Weisheitsaphorismen sind hoffnungsvolle Gedanken und rufen unsere Kräfte wach: »Ich habe bisher immer eine Lösung gefunden«, »Irgendwie geht es weiter«, »Wenn sich eine Tür schließt, öffnet sich eine andere.« Diese Sätze allein können keine grundlegende Änderung in einem Menschen hervorrufen, sie sind aber wichtige Hilfsmittel, die uns Mut machen und uns ins Gleichgewicht zurückbringen.

Selbstreflexion

Bitte erinnern Sie sich an eine Veränderungssituation, die Ihnen damals ähnlich viel Mühe bereitet hat wie die momentane, und fragen Sie sich:

Welche Gefühle herrschten vor?

Welche Gedanken an die Zukunft habe ich mir gemacht?

Habe ich vielleicht in der Zwischenzeit neue Kompetenzen erworben, die ich einsetzen kann?

Welche Fähigkeiten habe ich damals eingesetzt und welche brauche ich heute?

Was hat mir geholfen?

Was würde / kann ich heute anders machen?

Den richtigen Moment erkennen

Im Griechischen gibt es den Begriff Καιρός, zu Deutsch Kairos, der günstige Moment, der entscheidende Augenblick, die besondere Gelegenheit. Kairos lässt sich nicht herstellen, er ist da, wenn die Zeit reif ist. Ebenso wie wir das Wachstum des Grases nicht beschleunigen können, indem wir an ihm ziehen, können wir auch den günstigen Moment nicht herbeidenken, geschweige denn durch Druck und Hartnäckigkeit erschaffen. Kairos ist da oder nicht da, er erwächst aus unseren Überlegungen, unserer Intuition und unserer Geduld in den Prozess des Werdens.

Kairos kann aber auch der Moment sein, in dem wir eine plötzliche Eingebung haben, eine zündende Idee, die uns weiterbringt. Er kann auch der Zeitpunkt sein, in dem sich das, was wir uns wünschen, ankündigt oder eintrifft. Es ist die Gelegenheit, in der die Lösung zum Greifen nah ist und wir sie daher anpacken müssen. Kairos ist nämlich kurzlebig und kann schnell verpasst werden. Lassen wir uns also ein, wenn in unerwarteter Weise eine Wendung eintritt, die wir uns vielleicht nicht einmal vorgestellt haben. Es ist wie ein Geschenk, das wir ohne Zutun erhalten. Verstreicht die Chance, kommt sie vielleicht nicht wieder. Nach dem Motto »Chance gehabt, Chance verpasst.« Jeder von uns kennt das Bedauern, wenn wir eine besondere Gelegenheit haben verstreichen lassen, nicht schnell genug ja gesagt oder sie gar nicht wahrgenommen haben. Diese Tatsache erfordert von uns Aufmerksamkeit und das Einlassen auf den Prozess. Zugleich müssen wir handlungsbereit sein, denn den günstigen Moment können wir nur nutzen, wenn wir ihn ergreifen und umsetzen.

Widerstände ernst nehmen

Unser Widerstand gegen Veränderungen ist besonders am Beginn des Wandlungsprozesses besonders hoch, wie wir schon im Wandlungsmodell gesehen haben (s. Kap. »Wandlungsmodelle«). Wir weigern uns, uns zu verändern und auf die neuen Gegebenheiten einzustellen. Widerstand ist aber nicht etwas, das wir bekämpfen sollten, im Gegenteil, er muss ernst genommen werden, denn er drückt aus, dass wir noch nicht bereit sind, und uns vieles hindert loszulassen.

Widerstände gehören am Anfang zu jedem Wandlungsprozess dazu, sie sind sozusagen Bestandteil jeder Veränderung und sollten uns nicht irritieren. Sie drücken unsere Befürchtungen aus, es nicht zu schaffen, oder unsere Angst, uns einzulassen. Zwingen wir uns, den Widerstand aufzugeben, werden wir mit Sturheit und Abwehr reagieren. Gehen wir dem Widerstand und den damit verbundenen Gefühlen jedoch nach, lassen wir also unsere Befürchtungen zu, dann kann er integriert werden und löst sich schneller auf. Widerstände zeigen, dass wir uns mit der Veränderung auseinandersetzen und dabei erkennen, welche Hindernisse uns bevorstehen. Das kann zu neuen Lösungswegen und Zielsetzungen führen.

Frustrationstoleranz üben

Frustrationstoleranz bedeutet in der Psychologie die Fähigkeit, mit Enttäuschungen oder Frustrationen umzugehen. Die Frustrationstoleranz ist bei Menschen unterschiedlich stark ausgeprägt. Sie zeigt sich in Situationen, in denen diese auf Hindernisse stoßen und die Dinge nicht so machbar sind, wie sie es sich vorstellen. Eine geringe Frustrationstoleranz zeigt sich daran, dass Menschen resignieren, weil sie nicht vorwärtskommen, oder wütend ausrasten, wenn ihnen Grenzen gesetzt werden. Andere reagieren gekränkt und verfallen in eine Opferhaltung, in der sie nur das Negative wahrnehmen, nicht aber das Positive und Gelingende. Sie werfen ihr Projekt hin, wenden sich beleidigt ab und hören auf, ihre Ziele zu verfolgen. Sie lassen also vorzeitig los, und es fehlt ihnen die Kraft, dranzubleiben und es immer wieder neu zu versuchen. Dass sie damit zugleich ihren Selbstwert mindern, spüren sie nicht. Innerlich aber verstärken sie die Haltung: »Das schaffe ich eh nicht.« Keine gute Voraussetzung für die nächsten nötigen Veränderungen.

Menschen mit hoher Frustrationstoleranz dagegen sind beharrlicher, geduldiger, können abwarten und ihre Kraft nutzen, um trotz aller Hindernisse ans Ziel zu kommen. Sie lassen los, was nicht realisierbar ist, halten aber an ihrem Vorhaben fest und suchen passende Wege. In diesem Verhalten zeigen sich ihre Selbstwertstärke und ihr Zutrauen in sich selbst und in ihre Ziele. Sie nehmen sich ernst und lassen sich nicht so schnell beirren und verunsichern.

Gehören Sie zu den Personen, die leicht aufgeben und sich von Hindernissen abschrecken lassen, dann könnte es sein, dass Ihnen bisher zu viele Steine aus dem Weg geräumt wurden und Sie keine Chance hatten, sich selbst durchzubeißen und zu erfahren, dass Sie mehr aushalten, als Sie sich zutrauen. Wenn Sie merken, Sie werden ungeduldig und sauer und wollen aufgeben, dann halten Sie inne, atmen Sie tief durch und kommen wieder zu sich. Betrachten Sie die Situation mit etwas Ruhe und Abstand und schlafen vielleicht erst einmal darüber. Wenden Sie sich am nächsten Tag wieder Ihrem Projekt zu und gehen ausgeschlafen und vielleicht sogar mit neuen Ideen heran. Machen Sie sich klar, dass Probleme nicht dazu da sind, sie zu vermeiden, sondern sie anzugehen und wenn möglich zu lösen.

Im Fall der Frustrationsintoleranz entscheiden Sie sich für die Ohnmacht, bei der Frustrationstoleranz für Ihre Kompetenz und Würde.

Würde verleiht dem Handeln Richtung

Ein wesentlicher Faktor der Wandlungsfähigkeit besteht in unserer Würde, die unserem Denken und Handeln Richtung verleiht. Würde bedeutet die Verwirklichung dessen, was und wer man sein möchte, aber auch wie man behandelt werden möchte. Die Würde des Menschen ist zwar unantastbar, wie es im Grundgesetz heißt, aber auch verletzlich. Sowohl wir selbst unterlaufen unsere Würde immer wieder, werden aber auch in unserer Würde von anderen gekränkt.

In der Kränkung erleben wir genau das Gegenteil von Würde, nämlich Verletzung, Entwertung und mangelndes Angenommensein. Daraus resultieren eine tiefe Verunsicherung unserer Person und das Gefühl, seiner Würde von anderen beraubt worden zu sein.

Richten wir unser Denken und Handeln gemäß unserer Werte aus, dann würdigen wir uns. Das heißt aber auch, alles zu unterlassen, was diese Würde untergräbt. Das betrifft unser Verhalten ebenso wie die Menschen, mit denen wir uns umgeben. Muss ich in meiner Arbeit beispielsweise nur auf den Profit achten und das Menschliche in den Hintergrund schieben, obwohl das für mich ein hoher Wert ist, muss ich mich verraten und komme innerlich in einen Konflikt, der viel Energie kostet. Um meine Würde zu erhalten, müsste ich konsequenterweise kündigen, ein Risiko eingehen und eine andere Arbeit suchen. Das allerdings erzeugt Inkohärenz und verführt mich, so weiterzumachen wie bisher, vor allem, wenn ich den Job brauche, um Geld zu verdienen. Nichts zu ändern kostet aber auch viel Kraft und führt in die Unzufriedenheit und ebenso zu einem Gefühl der Unstimmigkeit. Ein echtes Dilemma. Somit muss ich abwägen, ob mir meine Würde und Werte wichtiger sind als die vorübergehende Arbeitslosigkeit. Und ob ich mir das auch finanziell leisten kann. Wenn ich beides mit ja beantworten kann, werde ich genug Kraft haben, diesen Weg zu gehen.

Nur du allein schaffst es, doch du schaffst es nicht allein

»Nur du allein schaffst es, doch du schaffst es nicht allein« bedeutet, dass nur wir selbst etwas verändern können, aber die Hilfe von anderen brauchen. Ich erinnere Sie an Stephan Kulle, den querschnittsgelähmten jungen Mann. Er ist heute dankbar, dass er nicht in Wut und Selbstmitleid versunken ist, und weiß, dass er seine Krankenzeit nach dem Unfall ohne Hilfe von außen nicht so gut überstanden hätte. »Das konnte ich nur schaffen, weil ich es nicht allein hinkriegen musste. Allein wäre ich aufgeschmissen gewesen.«[58]

Auch die Anonymen Alkoholiker und andere Selbsthilfegruppen halten sich an das Motto: »Nur du allein schaffst es, doch du schaffst es nicht allein.« Sicher müssen wir selbst die Kraft aufbringen, um mit einer schwierigen Situation fertigzuwerden, doch ohne Hilfe und Unterstützung durch die anderen wird es viel schwieriger, manchmal sogar unmöglich. Wir brauchen Menschen, die uns zuhören, trösten, Verständnis aufbringen oder uns einfach in den Arm nehmen. Diese Zuwendung gibt uns Sicherheit, und wir fühlen uns in unserem Leid nicht so allein. Das macht auch Selbsthilfe- und Therapiegruppen erfolgreich, da die Gruppe oft mehr zustande bringt als der Einzelne. Wir kennen das auch aus der Arbeit, dass ein Team mehr schafft als der Einzelne. Die Gruppe kann uns helfen, Probleme besser zu lösen, da wir Menschen treffen, die dieselbe Situation erlebt haben wie wir, und sie uns zum Vorbild werden können. Es macht Mut zu sehen, dass es andere geschafft haben. Warum nicht auch wir? Zudem können auch wir andere unterstützen und helfen uns dabei selbst. Dieses Geben und Nehmen stärkt unser Selbstwertgefühl, macht uns mutiger und zuversichtlicher. Mut, Kraft und Vertrauen helfen uns, schwierige Veränderungssituationen im Leben zu meistern. Wir sollten die Hilfe von anderen nicht verschmähen, sondern dankend annehmen. Sie können uns unterstützen, Schlimmes leichter loszulassen und wieder Hoffnung zu schöpfen.

Für viele bedeutet fremde Unterstützung aber ein Eingeständnis von Schwäche, das sie unter allen Umständen vermeiden wollen. Es beschämt sie, es nicht aus eigener Kraft zu schaffen. Stärke setzen sie gleich mit der Fähigkeit, sich allein durchzubeißen und ihre Probleme selbst zu lösen. Aber auch sie werden merken, dass sie ohne Unterstützung durch andere Menschen nicht alles meistern können. Warum sollte man es sich auch so schwer machen?

Ich weiß, was ich kann, und achte mich

Zu wissen, was ich kann, und mich zu achten berührt die Themen der Selbstwirksamkeit und der Selbstachtung. Beides zusammen bildet unser Selbstwertgefühl. Sind wir überzeugt, dass wir etwas können, besitzen wir Selbstwirksamkeit. Das ist die Gewissheit, in einer bestimmten Situation eine angemessene Leistung erbringen zu können. Selbstwirksam zu sein heißt, aufgrund bisheriger Erfahrungen auf seine Fähigkeiten und verfügbaren Mittel zu vertrauen und davon auszugehen, ein bestimmtes Ziel auch durch Überwindung von Hindernissen am Ende tatsächlich erreichen zu können. Kurz: Man glaubt an die grundsätzliche Machbarkeit einer Sache und daran, dass man sie selbst ins Werk setzen und vollenden kann. Dass man Einfluss auf die Dinge und die Welt hat und selbstständig handeln kann.

Selbstwirksamkeit ist kein Verhalten, sondern eine Einstellung, eine Überzeugung, eine positive Erwartung an sich selbst und ein Vertrauen in sich selbst. Wer an seine Kompetenz glaubt, kann Veränderungen angstfreier und mutiger anpacken und hat eine größere Ausdauer bei der Bewältigung der anstehenden Aufgaben. Da Selbstwirksamkeit auf Sieg statt auf Scheitern programmiert ist, stärkt sie unser Selbstwertgefühl und fördert gleichzeitig unseren Mut und unsere Motivation, uns auf Wandlungsprozesse einzulassen. »Es wird gut werden« ist die dazugehörige innere Stimme, die uns nicht verzagen lässt und unterstützt.

Folgerichtig sind Menschen, die an ihrer Leistungsfähigkeit zweifeln, sich nichts zutrauen und immer mit Scheitern rechnen, viel ängstlicher, wenn sie mit Neuerungen konfrontiert werden. Wer glaubt, es nicht zu schaffen und an der Herausforderung zu zerbrechen, ist in starkem Maße entscheidungsschwach, weil er Angst hat, einen Fehler zu machen. Die innere Überforderung lässt ihn die Verantwortung schnell an andere abgeben oder erzeugt einen immensen inneren Druck, es doch anzupacken und endlich zu schaffen. »Es entsteht zwangsläufig eine Spirale von Versagen und immer höheren Ansprüchen an die eigene Leistung, eine realistische Zielsetzung ist nicht mehr möglich«, sagt der Arzt und Psychotherapeut Hans-Peter Hartmann.[59] Die aber brauchen wir, um den Veränderungsprozess zu unseren Gunsten zu nutzen.

Da das Gehirn in Bildern denkt, ist es hilfreich, sich das Ziel, auf das hin man sich verändern will, konkret vorzustellen. Was will ich erreichen und wie kann das aussehen? Wo will ich in einem halben oder in einem Jahr sein? Stellen Sie sich in Ihrer neuen Wohnung oder am gewünschten Arbeitsplatz vor: Wie fühlen Sie sich, wie ist Ihre Umgebung? Welches positive Bild können Sie sich ausmalen, wie Ihre Zukunft aussehen soll? Je genauer Sie sich Ihr Ziel vorstellen, umso besser speichert das Unterbewusstsein dieses Bild ab und leitet uns. Natürlich wissen wir nicht, was kommt, aber diese Technik aus dem Mental-Training hilft uns, unser Ziel auf eine Weise zu visualisieren, dass es positive Emotionen in uns weckt. Das stärkt unsere Motivation, den Wandlungsprozess anzupacken und durchzuziehen.

Ein grundlegendes Gefühl von Stärke und Kompetenz befähigt uns nicht nur, mit den Herausforderungen des Lebens fertigzuwerden, sondern ist ein wichtiger Teil unseres Selbstwertgefühls. Eine positive Selbsteinschätzung ist die Basis für unser Leben und stärkt das Selbstvertrauen, die Selbstachtung und den Optimismus, die wir brauchen, wenn wir mit Neuem konfrontiert sind.

Durch Selbstachtung entwickeln wir eine bejahende Haltung zu uns, unseren Wünschen und Bedürfnissen. Wir achten uns, wenn wir eine Berufssituation verlassen, die unerträglich ist, wenn wir uns von Menschen trennen, die uns nicht guttun, und Lebensbedingungen verändern, die uns schädigen. Diese Schritte erfordern nicht nur Mut, sondern auch die Überzeugung, dass wir es wert sind, auf uns zu hören, und ein Recht auf ein erfülltes Leben haben.

Wenn wir wissen, was wir wollen, und die Überzeugung haben, es zu erreichen, dann werden wir unser Ziel erreichen. Dabei hilft uns ein wohlwollender und unterstützender Umgang mit uns selbst. Statt uns anzutreiben und von uns zu fordern, uns endlich zu verändern, können wir positiv mit uns sprechen und uns für das loben, was wir schon erreicht haben. Wir bestärken uns, unseren Gefühlen zu trauen und als Kompass für die anstehenden Veränderungsschritte zu nutzen. Und wir akzeptieren Rückschläge und Niederlagen als Begleiter einer jeden Veränderungssituation. Es kann nie alles klappen, was aber kein Grund ist, die Flinte ins Korn zu werfen. Ein unbekannter Autor formulierte es treffend: »Es könnte sein, dass es weniger darauf ankommt, Wirkung zu haben, als darauf, daran zu glauben. Oder anders: Was hilft es, Wirkungen zu haben, wenn man glaubt, man habe keine?«

Selbstachtung geht über Selbstannahme hinaus, denn sie ist auch die Basis für die Achtung anderer. Je stabiler unser Selbstwertgefühl ist, umso mehr können wir andere mit Respekt, Wohlwollen und Fairness behandeln, da wir sie nicht als Bedrohung empfinden.

Wandlungsfähig durch Resilienz

Resilienz ist die Fähigkeit des Menschen, mit einem stressigen Ereignis aus eigener Kraft gut umgehen zu können, sodass die psychische Gesundheit recht schnell wiederhergestellt ist. Resilienz ist die Widerstandsfähigkeit, die wir brauchen, um Probleme unbeschadet zu bewältigen, an ihnen zu wachsen und sie zu überstehen.

Ein belastendes Ereignis oder eine Veränderungssituation weckt diese natürliche Widerstandskraft im Menschen und lässt ihn Stärken entdecken, die er nicht in sich vermutet hätte. Indem man auf etwas Neues reagieren muss, spürt man erst, dass man etwas kann. Die eigenen Ressourcen, das soziale Netzwerk und die Motivation, sein Leben erfüllt weiterzuleben, ermöglichen es resilienten Menschen, mit Krisen gut fertigzuwerden. Wir brauchen diese psychische Widerstandsfähigkeit, dieses psychische Immunsystem, um uns vor traumatischen Ereignissen wie Krieg, Terroranschlägen und Gewalt ebenso zu schützen wie vor schweren Erkrankungen, Tod und Verlust. Resilienz ist bei Menschen sehr unterschiedlich ausgeprägt. Die einen ertragen auch die schlimmsten Verletzungen ohne weitreichende psychische Folgen, wogegen andere schon bei geringeren Belastungen scheitern.

Resilienz ist nicht angeboren, sondern entwickelt sich im Laufe des Lebens. Die Grundlage ist eine sichere Bindung zu den Bezugspersonen, die Verlässlichkeit und Vertrauen in der Beziehung vermitteln. Fühlt sich das Kind angenommen und akzeptiert, kann es ein stabiles Selbstwertgefühl aufbauen und angstfrei Beziehungen eingehen. Auch die Unterstützung und Anleitung, mit Konfliktsituationen umzugehen, steigert die Resilienzfähigkeit.

Gleichzeitig ist die Entwicklung der Resilienz nie abgeschlossen, sondern hält das ganze Leben lang an. Das zeigt auch eine Studie von Manfred Beutel und Kollegen. Danach können sogar Defizite und traumatische Erfahrungen in der Kindheit ausgeglichen werden. Wenn Menschen im Lauf ihres Lebens gelernt haben, »negative Ereignisse als Herausforderungen zu betrachten und diese zuversichtlich und aktiv zu meistern, dann sind sie als Erwachsene dauerhaft vor den destruktiven Auswirkungen ihrer Kindheitsbelastungen geschützt«.[60] Demnach kann Resilienz negative Auswirkungen belastender Erfahrungen in der Kindheit also wirksam abpuffern.

Gelegenheiten, unsere Resilienz weiterzuentwickeln, bietet uns das Leben immer wieder. Wir werden nämlich immer wieder mit neuen Herausforderungen konfrontiert, die zum Teil ganz verschiedene Bewältigungsstrategien erfordern. Es ist ein Unterschied, ob ich eine Trennung, den Tod eines geliebten Menschen oder einen Konflikt mit dem Vorgesetzten verarbeiten muss. Positive Erwartungen hinsichtlich der eigenen Handlungsfähigkeit werden auf neue Situationen generalisiert und stärken die Resilienz. Wir lernen aus dem, was wir bisher gemeistert haben, und festigen unsere Widerstandsfähigkeit.

Resilienz besteht aus vielen Ressourcen, die die Menschen im Lauf der Jahre durch die Bewältigung von Krisen und Erschütterungen entwickeln. Es ist keine übernatürliche Fähigkeit, sondern ein Anpassungs- und Bewältigungsmechanismus, den jeder Mensch erlernen kann.

Auf diesen sieben Säulen baut Resilienz auf, wie Jochen Mai beschreibt:[61]

- **Selbstbewusstsein und Selbstvertrauen:** Resiliente Menschen können sich selbst helfen und unterstützen und entwickeln eigenständig Lösungen. Dabei vertrauen sie auf ihr Können, ihre Kraft und ihre bisherigen Erfahrungen. Ihr Selbstbewusstsein lässt sie weniger zweifeln als gezielt handeln.
- **Kontaktfreude:** Sie kommunizieren ihre Schwierigkeiten und Wünsche und suchen sich aktiv Hilfe bei Menschen, die sie unterstützen. Durch ihre Beziehungsfähigkeit haben sie vielfältige Kontakte, auf die sie zurückgreifen können.
- **Gefühlsstabilität:** Sie empfinden eine hohe Belastung weniger als Stress, sondern mehr als Herausforderung und akzeptieren sie als zum Leben gehörig. Dadurch brechen sie emotional unter schwierigen Bedingungen nicht so tief ein, sondern können ihre Gefühle kontrollieren.
- **Optimismus:** Sie sind überzeugt, dass sich die Dinge früher oder später zum Guten wenden und denken positiv über sich selbst. Sie vermeiden dadurch, in eine Opferhaltung zu verfallen.
- **Handlungskontrolle:** Sie reagieren auf Situationen überlegt und verzichten zugunsten eines höheren Ziels auf sofortige Befriedigung.
- **Realismus:** Sie stecken sich realistische Ziele und bereiten sich gedanklich schon auf die Zeit nach dem umwälzenden Ereignis vor. Dadurch sehen sie die Ereignisse aus einer langfristigen Perspektive. Krisen verlieren auf diese Weise den Beigeschmack von unüberwindbaren Problemen.
- **Analysestärke:** Sie können die Ursachen eines belastenden Ereignisses ergründen, entwickeln neue Ideen und treffen aktiv Entscheidungen. Ihr Wissen hilft ihnen, Einfluss auf die Situation zu nehmen.

Resiliente Menschen sind nicht immun gegen Trauer, Verzweiflung und Hoffnungslosigkeit, sie können sich nur leichter daraus befreien, ohne langfristig beeinträchtigt zu sein.

Ressourcen anzapfen

Ressourcen sind Kraftquellen, die uns zur Verfügung stehen, um Veränderungen zu bewältigen und Ziele zu erreichen. Sie umfassen all das, was uns hilft, schwierige und ungewohnte Situationen zu meistern. Dabei sind sowohl innere als auch äußere Quellen von Bedeutung.

Äußere Ressourcen

Äußere Ressourcen sind unter anderem soziale Beziehungen, Hobbys, eine erfüllende selbstbestimmte Arbeit, ein gesichertes Einkommen und Zugang zu Wissen. Sie bilden sozusagen das Gerüst für unsere Wandlungsfähigkeit. Menschen, die keine sozialen Kontakte haben, keine Freundschaften pflegen und alles aus eigener Kraft bewältigen müssen, haben es sehr viel schwerer oder scheitern sogar. Das soziale Netz fängt uns auf, gibt uns Impulse, die uns weiterbringen, und ein Hobby kann zur Quelle von Lebenskraft und Lebenslust werden.

Umbruchs- und Wandlungszeiten zwingen uns, unsere Ressourcen zu aktivieren. Deshalb ist es wichtig, sich der eigenen Kraftquellen bewusst zu werden, um sie abzurufen, wenn wir sie brauchen. Je nachdem, welche Aufgaben wir zu bewältigen haben, sind unterschiedliche Ressourcen notwendig. Stellen wir fest, dass wir zu wenige Ressourcen zur Verfügung haben, ist das vielleicht ein Grund, weshalb wir uns so schwer auf einen Wandel einlassen können. Uns fehlen dann die Rückendeckung und die Stütze.

Eine wesentliche äußere Quelle sind andere Menschen, wie wir schon mehrfach gehört haben. Sie geben uns Sicherheit, Trost, Unterstützung und machen Mut – alles Dinge, die wir in Wandlungszeiten brauchen.

Selbstreflexion

Auf welche äußeren Ressourcen können Sie sich stützen? Das gilt generell und für die spezielle Veränderungssituation, in der Sie sich gerade befinden.

Auf welche Menschen kann ich mich verlassen?

Welches Verhalten von anderen hat mir weitergeholfen?

Ist meine materielle Basis ausreichend gesichert?

Welche Umgebung stärkt mich?

Falls die richtige Umgebung nicht immer erreichbar ist, welche Alternativen habe ich?

Welche Hobbys oder Beschäftigungen sind Kraftquellen?

Welche Hobbys oder Beschäftigungen könnte ich in Zukunft beginnen?

Welche äußeren Kraftquellen besitze ich darüber hinaus?

Innere Ressourcen

Die inneren Ressourcen finden wir in unseren Fähigkeiten, in unseren Einstellungen und unserer Resilienz. Eine bejahende Sicht auf das Leben, Ausgeglichenheit, Mut, Vertrauen und ein gutes Gespür für sich selbst gehören dazu. Eine entscheidende Quelle ist der Zugang zu unseren Gefühlen und Bedürfnissen. Sie geben uns eine Richtung, wie wir mit uns umgehen müssen, um Veränderungen so unbeschadet wie möglich zu bewältigen. Im Einklang mit unseren Bedürfnissen finden wir heraus, was wir brauchen, was uns guttut, was wir tun können, um Stress abzubauen, wo wir hinwollen und was dabei hilft. Innere Ressourcen sind alles in uns, auf das wir uns verlassen können, auch die Fähigkeit zur Kontrolle unserer Gefühle, um nicht überschießend zu reagieren. Panik, blinder Aktionismus aus Angst und Stress heraus helfen in der Regel nicht weiter, sondern hemmen sogar unser planvolles Denken.

Selbstreflexion

Welche inneren Ressourcen stehen Ihnen zur Verfügung?

Was kann ich gut?

Was entspannt mich?

Was inspiriert mich in Zeiten, in denen ich mich gut fühle?

Was macht mir Freude und gibt mir Zufriedenheit?

Wie gestalte ich mein Leben sinnvoll und angenehm?

Wodurch bekomme ich Kraft?

Was kann ich gegen die Angst tun?

Wie stelle ich ein angenehmes und positives Lebensgefühl her?

Was motiviert mich?

Welche Herausforderungen und Lebenskrisen habe ich bisher schon gemeistert?

Welche Einstellungen und positiven Gedanken haben mir dabei geholfen?

Eine wichtige innere Ressource ist die Fähigkeit, Glück zu empfinden. Mit einem Glückstagebuch können Sie diese Kraftquelle stärken. Schreiben Sie am Ende eines jeden Tages auf, in welcher Form Ihnen heute das Glück begegnet ist: In einem freudigen Gefühl, dem Lächeln eines Menschen, einer Liebeserklärung? In der Sonne, die sich im Wasser spiegelt, der Ruhe in der Natur, dem bunten Treiben der Menschen um Sie herum?

Spüren Sie diesen Momenten noch einmal nach und verankern Sie das gute Gefühl in Ihrem Körper, indem Sie herausfinden, wo in Ihrem Körper dieses Gefühl am stärksten zu spüren ist.

Sollten Ihnen keine positiven Erfahrungen des vergangenen Tages einfallen, suchen Sie sich Glücksmomente in Ihrem Leben, die auch länger zurückliegen können. Spüren Sie diesen Situationen nach und vor allem Ihren Gefühlen, die Sie damals erlebten, und verankern Sie diese in Ihrem Körper.

Der Körper als Ressource

Auch unser Körper ist eine Ressource, da wir uns durch unsere Körperhaltung, Stimme und Bewegungen stärken können. Körperzustände beeinflussen unsere psychische Befindlichkeit. Hier zwei Möglichkeiten, diese körperlichen Kraftquellen zu stärken:

Stellen Sie sich Ihre Ressourcen vor, die Sie zu der anstehenden Veränderung benötigen, und ordnen Sie jeder Ressource eine Körperbewegung zu. Beispielsweise könnte Ihr Mut verbunden sein mit in die Hüften gestemmten Händen und Ihre Geduld mit einem entspannten Sitzen im Sessel. Ihre Kreativität könnte sich durch spontane Bewegungen des gesamten Körpers ausdrücken. Jede Körperhaltung ist mit dem entsprechenden psychischen Inhalt verbunden, einmal mit dem Mut, das andere Mal mit der Gelassenheit und beim dritten Mal mit dem kreativen Ausdruck. Indem Sie die Bewegung ausführen oder sich geistig vorstellen, rufen Sie das Gefühl, die Einstellung oder die Fähigkeit hervor. Auf diese Weise können Sie sich in Veränderungssituationen unterstützen.

Sie stärken Ihre Ressourcen, indem Sie Bilder für jede Eigenschaft suchen. Welches Tier oder welche fiktive Person verkörpert für Sie Mut? Wenn es beispielsweise ein Leopard ist, können Sie seine Eigenschaften übernehmen. Er ist instinktsicher, mutig, spurtet los, sucht sich seinen Weg und hat seinen Blick auf das Ziel gerichtet, kann zupacken, aber auch abwarten. Wie verändert sich Ihre Körperhaltung, wenn Sie sich dieses Lebensgefühl eines Leoparden vorstellen? Vermutlich richten Sie sich auf und fühlen sich mutiger. Wo im Körper spüren Sie die Leopardenstärke? Lassen Sie sich von diesem Tier bzw. seinen Eigenschaften leiten.

Die Bilderwelt verbindet die Sprache mit dem Körper. Das Bild des Leoparden beeinflusst unseren Körper und verkörpert auf diese Weise den Mut. Mit der Haltung, die wir einnehmen, wenn wir an den Leoparden denken, aktivieren wir automatisch dieses Gefühl. Suchen wir uns also Bilder, die uns ein positives Lebensgefühl vermitteln und die wir brauchen, um schwierige Situationen zu meistern.

Der Blick auf die Ressourcen macht es möglich, sich nicht in erster Linie mit seinen Defiziten zu beschäftigen, also mit dem, was an einem nicht in Ordnung ist, sondern mit dem, was man kann und bisher schon im Leben erreicht hat, beispielsweise welche Herausforderungen man gemeistert hat und wie man mit Rückschlägen umgegangen ist.

Den Blick für das Positive schärfen

Eine wichtige Ressource im Zusammenhang mit Veränderungen und Umbrüchen ist eine positive Einstellung zu sich, zu den anderen Menschen und zum Leben. Nach dem Motto: Das Glas ist halb voll statt halb leer. Eine solche Haltung verhindert das schnelle Abgleiten in Kränkung und Verbitterung, da neben dem Verlust immer auch der Gewinn gesehen wird. Das schärft den Blick für das Gelingen, und man konzentriert sich auf das, was trotz der Veränderungen gut läuft.

Anne, einer Freundin von mir, wurde ganz überraschend die Wohnung wegen Eigenbedarfs gekündigt, was ein Schock für sie war. Sie lebte schon 15 Jahre dort, fühlte sich wohl und hatte nicht den geringsten Gedanken daran, auszuziehen. Sie konnte sich gar nicht vorstellen, woanders zu leben, und weil sie auf einen Wohnungswechsel nicht gefasst war, erlebte sie die Situation im ersten Moment als irreal. Gekränkt war sie nicht, weil sie die Kündigung nicht als etwas Persönliches erlebte. Ihr erster Reflex war stattdessen, die Rechtslage zu prüfen, ob sie gegen die Kündigung vorgehen könne. Da ein Einspruch keine

Chance hatte, musste sie die Tatsache akzeptieren und so schnell wie möglich ins Handeln kommen. Sie lebte immer nach dem Motto: Wenn etwas vorbei ist, ist es vorbei, und es hilft nichts, zu verharren. Den Wohnungswechsel erlebte sie weniger als Loslassen, sondern mehr als Springen von dem einen Zustand in den anderen.

Als sie innerlich diesen Sprung gewagt hatte, gewöhnte sie sich an die neue Situation und war allmählich sogar fasziniert von der Idee, einen Neuanfang zu machen, sich neu einzurichten, sowohl äußerlich als auch innerlich. Das Neue begann für sie damit, ihre Dinge zu ordnen, »auszumisten«, zu entscheiden, was sie mitnehmen und wovon sie sich besser trennen wollte. Sie ging mit leichterem Gepäck weiter, was ihr in der alten Wohnung nicht gelungen wäre. Das heißt nicht, dass sie sich ihre Situation schönredete, denn es war schwer, etwas Passendes zu finden und Abschied zu nehmen. Doch die Traurigkeit wurde überlagert von der Wohnungssuche. In dem Moment, als sie eine Wohnung gefunden hatte, die ihr gefiel, sah sie nur noch den Gewinn. Sie freute sich über das lebendige Viertel, in das sie zog, über den kürzeren Weg zur Arbeitsstelle und die tollen Geschäfte drum herum. Motivierend wirkte auf sie auch, sich von dem Negativen zu trennen, das mit der alten Wohnung verbunden war: die Auseinandersetzungen mit dem Vermieter, die immer sehr schwierig verliefen, die anstehende Mieterhöhung und die notwendige Renovierung. Welch ein Glück, auszuziehen!

Ihre positive Einstellung, ihre Flexibilität und ihre Faszination von allem Neuen machten ihr den Wechsel leicht. Sie hielt nicht lange am Alten fest, sondern stellte sich schnell auf die neue Situation ein und ließ dadurch auch die negativen Gefühle, die zu Beginn mit der Veränderung verbunden waren, los.

Ihre Mutter war auch eine sehr optimistische und tatkräftige Frau, die sich nicht entmutigen ließ, wenn etwas nicht klappte, sondern die Einstellung hatte, dass man durch Engpässe hindurchmüsse, und dann ginge es schon irgendwie weiter. Vermutlich war sie ein Modell für Anne, der es daher leichtfällt, das Negative auszufiltern und sich auf das Positive zu konzentrieren, wenn nicht alles rosig läuft.

Leider neigen Menschen dazu, sich am Defizit zu orientieren, an dem, was sie nicht mehr haben oder was nicht so ist, wie sie es sich wünschen. Mit dieser Einstellung übersehen sie all das, was an Gutem und Reichem auch da ist. Sie sehen sogar sich selbst mit skeptischen Augen und gehen davon aus, dass sie es eh nicht schaffen, die Herausforderung zu bewältigen, statt sich klarzumachen, dass auch sie mit den Unbilden des Lebens fertigwerden können. Konzentrieren wir uns nämlich hauptsächlich auf das Defizit im Leben, finden wir es auch in uns und in den anderen. Beides bedingt sich gegenseitig und verfestigt ein negatives Lebensgefühl. Dabei sind es meist die schwierigen Situationen, die uns etwas lehren. Aus den einfachen lernen wir nicht so viel, denn da müssen wir uns nicht infrage stellen und uns überlegen, ob wir etwas anders machen sollten.

Der Blick auf das Positive wird gestärkt durch unsere Erfahrung, dass wir schon andere schwierige Situationen gemeistert haben und das Negative immer wieder von positiven Erlebnissen überlagert wird.

Zu einer positiven Sicht der Dinge gehört auch, den Moment wahrzunehmen, wie er ist, und sich nicht mit ängstigenden Zukunftsgedanken die Gegenwart zu verdunkeln. Mit Achtsamkeit können wir uns klarmachen, dass wir das bestehende Problem früher oder später nicht mehr in derselben Heftigkeit spüren werden oder es sogar nicht mehr da ist. Auf diese Weise filtern wir das Negative aus und konzentrieren uns auf das Positive. Um wie viel leichter fällt es uns dann, uns auf die Veränderungen einzulassen!

Das Los lassen

Ist es möglich, sein Los zu lassen, mit dem man schon so lange durchs Leben geht? Das geht zumindest in bestimmten Bereichen, wenn man das Los als Lebensskript versteht, das wie ein Drehbuch dem Lebensentwurf zugrunde liegt. Es besteht aus Glaubenssätzen und Überzeugungen, die unser Verhalten, Fühlen und Wollen bestimmt. Eine negative Sicht auf das Leben kann sich beispielsweise als Folge permanenter Warnungen der Eltern entwickeln, die zwar das Kind vor Schaden bewahren wollen, ihm aber unbewusst mitteilen, dass man immer mit dem Schlimmsten rechnen muss. Daraus kann sich eine ängstliche Einstellung entwickeln, die zu einem zögerlichen Verhalten führt, Mut und Kreativität untergräbt und Veränderungen eher als bedrohlich erleben lässt.

Unbewusste Skriptbotschaften steuern nicht nur unser Verhalten, Erleben und unser Weltbild, sondern führen auch zu den immer selben Resultaten, den sogenannten Endauszahlungen. Kommt man ständig in die gleiche unangenehme Lebenslage, kann es eine Folge hemmender Botschaften des Lebensskripts sein. Wer nach dem Grundsatz lebt: »Es wird dir nicht gelingen, du hast kein Recht auf Erfolg und Zufriedenheit«, wird unbewusst jedes positive Ergebnis verhindern, oder wenn es eintritt, nicht zu sich nehmen. Das sind die sogenannten Verliererskripte, die regelmäßig mit Verlust und Entbehrung enden. Menschen mit einer positiven Grundeinstellung, wie wir es im vorigen Beispiel bei Anne gesehen haben, folgen einem sogenannten Gewinnerskript. Das elterliche Modell führte bei ihr zu der Überzeugung: »Ich kann das, es wird schon gut werden.« Die Endauszahlung ist dann der Erfolg und das Gelingen. Im Lauf des Lebens verfestigen wir unser Skript und handeln danach.

Man kann sein Skript nun so annehmen, wie es ist, oder versuchen, es hinter sich zu lassen, vor allem, wenn man damit unzufrieden ist oder sogar darunter leidet. Sein Los lässt man hinter sich, indem man seine hemmenden Grundeinstellungen ändert und durch positive, stärkende ersetzt. Oder indem man herausfindet, welche Lebensform zu einem passt und einen zufrieden macht. Ist es die, die die Eltern oder die Gesellschaft einem vorschreiben, oder vielleicht eine ganz andere?

Horst lebte mit der Überzeugung, er müsse unbedingt heiraten und eine Familie gründen, weil das Leben so zu sein hat. Doch es wollte ihm nicht gelingen. Er wurde älter und älter und haderte immer mehr mit sich und seinem Schicksal. Eine typische Verliererauszahlung, wie ihm auf einmal bewusst wurde. Statt an der Idee von Heirat und Familie festzuhalten und sich als minderwertigen Versager abzustempeln, weil er es nicht hinbekommt, ließ er los, weil er spürte, dass sein Ziel im Grunde ein fremdes, ein übernommenes war. Er fragte sich, was für ihn anstelle dessen möglich wäre und was ihn zufriedenstellen würde.

In seiner Sehnsucht nach Familie kam sein Wunsch nach Fürsorge und Väterlichkeit zum Ausdruck, den er mit Frau und Kindern ausleben wollte. Da ihm dieser Weg versperrt war, denn auch sein Alter hätte ihn davon abgehalten, noch Kinder in die Welt zu setzen, suchte er nach einer anderen Möglichkeit, seinem Bedürfnis Raum zu geben. Eine Möglichkeit bestand in der Arbeit mit Kindern, mit denen er Freizeitaktivitäten organisierte und unternahm. Eine für ihn zutiefst befriedigende Beschäftigung. Ihm wurde auch immer bewusster, dass er mit Ehefrau und Kindern mehr eine Vorstellung seiner Mutter umgesetzt hätte, die ihre Erfüllung immer in einer großen Familie mit vielen Kindern und Enkeln fantasiert hatte. Sein Lebenskonzept sah anders aus, und dem wollte er nun folgen. Insofern hat Horst einen Teil von seinem Los gelassen.

Selbstreflexion

Versuchen Sie, Ihrem Lebensskript auf die Spur zu kommen, damit Sie hinderliche Einstellungen korrigieren und auf diese Weise Altes überwinden können.

Welchen Titel gebe ich meinem Lebensskript?

Würde ich mein Lebensskript gern ganz oder in Teilen umschreiben?

Was würde sich dann in meinem Leben verändern?

Wenn das nicht geht: Was muss ich tun, um damit klarzukommen?

Bin ich in meinem Leben da angekommen, wo ich hinwollte?

In welchen Bereichen ja:

In welchen Bereichen nein:

Wandlungsfähig durch Gelassenheit

Zur Wandlungsfähigkeit gehört eine Portion Gelassenheit. Der Gelassenheitsspruch, der vermutlich auf Reinhold Niebuhr, einen deutsch-amerikanischen Theologen, Philosophen und Politikwissenschaftler[62], zurückgeht, beschreibt das ganze Wesen der Gelassenheit:

Gott gebe mir die Gelassenheit,
Dinge hinzunehmen, die ich nicht ändern kann,
den Mut, Dinge zu ändern, die ich ändern kann,
und die Weisheit, das eine vom anderen zu unterscheiden.

Gelassenheit ist der Gegenpol zu Kontrolle und Macht, bedeutet aber nicht Ausgeliefertsein und Ohnmacht. Wir üben uns in Gelassenheit, wenn wir uns Zeit nehmen, Geduld haben und warten können. Wenn wir Dinge hinnehmen, die wir nicht ändern können, auch wenn wir sie nicht wollen. Wir hören auf, gegenzusteuern, und vertrauen uns an. Wir lassen geschehen, was wir nicht beeinflussen können, und wenden keine unnötige Kraft auf, etwas außerhalb unserer Macht Stehendes verändern zu wollen. Wir können beispielsweise die Liebe und Zuneigung eines Menschen nicht mit Macht erzwingen, wir können sie uns nur wünschen. Und unsere Erfahrung hat uns möglicherweise gelehrt, dass wir gerade das bekommen, was wir innerlich auch bereit sind herzugeben. Und dass wir vieles nicht bekommen, was wir krampfhaft und unbedingt »haben wollen«.

Gelassenheit heißt, frei von Unruhe zu sein. Wir können zwar Angst und Unruhe nicht aus unserem Erleben verbannen, aber wir können akzeptieren, dass sie immer wieder auftreten, aber auch wieder vergehen. Das allein beruhigt. Kämpfen wir nämlich gegen die Gefühle an, werden sie nur schlimmer, und wir geraten in noch größere Unruhe. Um gelassen zu sein, helfen uns auch Beziehungen und Berührung, geistige wie körperliche, wenn wir mit Menschen und an Orten sind, wo wir uns geborgen fühlen und zu innerer Entspannung kommen.

Zur Gelassenheit gehört auch eine Unsicherheitstoleranz, das Wissen und Akzeptieren, dass nicht alles immer in ruhigen Bahnen verläuft, sondern das Leben sich von jetzt auf gleich verändern kann. Anstatt uns heute schon mit Katastrophenfantasien über mögliche Einschnitte in der Zukunft zu ängstigen, gilt es, im Hier und Jetzt zu leben, es zu genießen und dankbar zu sein.

Mut, Dinge zu ändern, die wir ändern können, ist ein weiterer Teil von Gelassenheit, den wir brauchen, um Neues in Gang zu setzen. Es bedarf Mut, sich vom Ehemann zu trennen, die Stelle zu kündigen, sich eine neue Wohnung zu suchen oder einfach nur mal offen seine Meinung zu sagen. Durch all das kann sich etwas grundlegend ändern, und wir wissen oft nicht, in welche Richtung. Es dennoch zu tun, erfordert Mut zum Risiko, beinhaltet aber auch die Chance auf Erfolg und einen gewinnbringenden Ausgang.

Als letztes brauchen wir die Weisheit, um zu entscheiden, an welchem Punkt unser Einsatz lohnt, wo wir also dranbleiben sollten, weil wir Einfluss haben, und wo wir sinnvollerweise loslassen, da wir nichts ausrichten können. Diese Entscheidung zu treffen ist gar nicht so einfach, denn wie oft versuchen wir, mit dem Kopf durch die Wand zu gehen, weil unser Wunsch so groß ist? Das allein führt aber nicht dazu, dass er auch erfüllt wird. Spüren wir Widerstand und Hindernisse, das zu bewirken, was wir möchten, dann ist es besser, loszulassen.

Um Gelassenheit zu erreichen, müssen wir uns fragen, was uns daran hindert und was wir loslassen müssen, um gelassen zu sein. Das kann die Angst sein, nicht gut genug zu sein, oder die, alles zu verlieren. Gelassenheit setzt Vertrauen voraus, die Dinge so kommen zu lassen, wie sie kommen. Das Gefühl, aufgehoben zu sein in einem größeren Ganzen, bildet einen festen Boden in uns, der uns leichter gelassen sein lässt. Meditation kann dabei ein Weg sein.

Gelassenheit, Mut und Weisheit bilden eine verlässliche Grundlage, um Umbrüche und Veränderungen konstruktiv zu bewältigen. Mit anderen Worten: Change it, leave it or love it. Verändere es, verlasse es oder liebe es.

Veränderungen brauchen Zeit

Selbstverantwortlich und gelassen zu handeln bedeutet, sich genug Zeit für Veränderungen zu nehmen. Wie oft stehen wir an einem Punkt in unserem Leben, an dem wir eine Veränderung als notwendig erachten, oder die Motivation spüren, etwas anders machen zu wollen als bisher. Weiter kommen wir aber erst mal nicht. Wir brauchen Zeit, um einen inneren Entwurf des Neuen zu erstellen: Wo will ich hin, worauf habe ich Lust, was will ich mir erfüllen? Diese Fragen können nicht auf Knopfdruck beantwortet werden, sondern erfordern unsere Aufmerksamkeit und Geduld. Wir durchspielen gedanklich viele Alternativen, verwerfen sie wieder, weil sie nicht umsetzbar scheinen, und verfolgen einen neuen Weg. Das ist ein kreativer Prozess, bei dem alles erlaubt ist, auch Wünsche zu formulieren, unabhängig davon, ob sie realisierbar sind oder nicht. Ein solches Brainstorming führt uns eventuell zu einem ganz neuen Ziel und neuen Ideen. In dieser Offenheit folgen wir keinen speziellen Erwartungen, die den Anspruch auf Erfüllung beinhalten. Das könnte nur zu Enttäuschung und Kränkungen führen.

Wir stützen uns lieber auf unsere Hoffnung, dass wir das finden werden, was für uns stimmig ist und uns erfüllt. Hoffnung lässt Raum, ist geduldig und ohne Anspruch auf eine baldige Entscheidung, sondern wünscht, dass wir bekommen, was wir brauchen. Indem wir uns Zeit für die Veränderung lassen, drängen wir uns nicht zu einer schnellen Lösung, sondern geben auch dem sogenannten Zufall oder dem Schicksal eine Chance, uns Anstöße von außen zu geben, die uns weiterbringen. Und plötzlich merken wir: Das ist es, da will ich hin. Ein solches Herangehen an Veränderungen setzt Vertrauen und die Fähigkeit zur Gelassenheit voraus.

Die Seele braucht Kohärenz

Schon im ersten Teil habe ich beschrieben, dass das Gehirn Kohärenz oder Stimmigkeit sucht. Ebenso ist es mit unserer Seele. Kohärenz bedeutet im psychologischen Sinne ein tiefes Gefühl des Vertrauens, gut mit Veränderungen umgehen zu können, und ist ein wesentlicher Teil der Resilienz. Der Begriff Kohärenz stammt aus dem Salutogenese-Konzept von Antonovsky[63], der untersuchte, wodurch Menschen auf Dauer gesund bleiben. Er fand drei wesentliche Faktoren, die das Kohärenzgefühl ausmachen:

- **Verstehbarkeit:** Damit ist die Fähigkeit des Menschen gemeint, die Zusammenhänge des Lebens zu verstehen, Ereignisse und Informationen verarbeiten zu können und sie nicht als chaotisch, willkürlich, zufällig und unerklärlich zu erleben. Alles, was wir verstehen, also in unsere bisherigen Erfahrungen einordnen können, ist für uns handhabbarer als das Unerwartete und nicht Verstehbare. Was sagte Anne nach der Kündigung? Ihr kam die Situation irreal vor. Sie konnte sie nicht verstehen, nicht einordnen und war dadurch erst einmal nicht handlungsfähig.
- **Handhabbarkeit und Bewältigbarkeit:** Das ist die Überzeugung, dass Probleme und Herausforderungen lösbar und handhabbar sind und man das eigene Leben gestalten kann. Dazu gehört das Wissen um die eigenen Ressourcen, die nötig sind, um den Anforderungen gerecht zu werden. Antonovsky nennt es das instrumentelle Vertrauen, also das Vertrauen in die vorhandenen Kompetenzen. Das beinhaltet auch den Glauben an die Hilfe durch andere Personen oder eine höhere Macht, die Schwierigkeiten zu überwinden.
- **Sinnhaftigkeit und Bedeutsamkeit** bedeuten, dass man sein Leben als sinnvoll empfindet und dass die vom Leben ge-

stellten Probleme und Anforderungen es wert sind, Energie in sie zu investieren und sie eher als willkommene Herausforderungen zu sehen denn als Lasten, die man loswerden möchte.

Dadurch entsteht Kohärenz, die gerade in Umbruchzeiten eine zentrale Ressource ist. Kohärenz bedeutet innere Einheit, Harmonie, Stimmigkeit und Identität. Fehlt dieses Gefühl von Kohärenz, erleben sich Menschen gespalten, unsicher und den Anforderungen des Lebens nicht gewachsen. Sie sind bei bevorstehenden Veränderungen schneller überfordert und damit anfälliger für Krankheiten. Sie wissen nicht, »was das alles soll«, was und ob sie überhaupt etwas tun können, welche Rolle sie in dem Wandlungsprozess spielen, und verlieren den Sinn aus den Augen. Auch gesellschaftliche Veränderungen, wie wir sie im Moment erleben, können Menschen überfordern und ihr Kohärenzgefühl erschüttern.

Akzeptieren, was ist

Akzeptanz leitet sich vom lateinischen »accipere« her, das so viel bedeutet wie nehmen, auf sich nehmen, billigen. Wir verwenden den Begriff im Sinne von annehmen, anerkennen, hinnehmen. In der Psychologie wird Akzeptanz als Haltung beschrieben, als Bereitschaft, Ereignisse und Erlebnisse, so wie sie sind, ohne Ablehnung zu erleben und damit die angenehmen als auch die unangenehmen Empfindungen in dem Moment zu akzeptieren.[64]

Wir müssen im Leben vieles hinnehmen, mit dem wir nicht einverstanden sind. Ein Unfall, eine Krankheit, ein Jobverlust oder eine Trennung sind Ereignisse, gegen die wir uns wehren, aber deren Realität wir anerkennen müssen. Akzeptanz bedeutet nicht, etwas passiv zu ertragen oder über sich ergehen zu lassen, sondern es ist eine bewusste Entscheidung, die Realität so anzunehmen, wie sie sich im Moment präsentiert, und zwar im Positiven wie im Negativen. Erstaunlicherweise lehnen wir uns auch gegen unverhoffte Glücksfälle auf, wenn wir sie nicht erwarten und nicht wissen, wie wir sie in unser Leben integrieren sollen. Akzeptanz geschieht daher nicht von jetzt auf gleich, sie braucht Zeit wie alle Wandlungsprozesse. Im Akzeptieren lassen wir unseren Widerstand gegen das Ereignis los und konzentrieren uns auf die Lösung.

Der Prozess des Akzeptierens beginnt mit der Wahrnehmung dessen, was im Moment geschieht. Die Aufmerksamkeit auf das Hier und Jetzt betrifft zum einen die Sache, aber auch unsere Gefühle, Bedürfnisse und Einstellungen. Sehen und erleben wir das Ereignis, wie es ist, hilft es uns, unseren Kampf und Widerstand zu verringern. Wir schweifen dann weniger ab in die Illusion, alles doch noch zu ändern, oder kleben weniger an dem Traum, wie es einmal war. Erst in der Gegenwart können wir die aktive Entscheidung fällen, das zu akzeptieren, was ist. Daraus entsteht dann eine Neuorientierung und eine Besinnung auf unsere Werte, die wir verwirklichen, und Bedürfnisse, die wir erfüllen wollen. Wie möchte ich mit der Umbruchsituation umgehen, was will ich erreichen, wohin will ich mich verändern, wie will ich leben? Eine Trennung kann ich eher akzeptieren, wenn ich den Entschluss fasse, deshalb nicht meine Lebenskraft aufzugeben und mich depressiv zurückzuziehen, sondern mein Leben zufrieden zu leben und meine Ziele zu verfolgen.

Ursachen der Krisen abstellen: Forderung an die Gesellschaft

Bisher lag der Fokus auf dem Individuum und seinen Kompetenzen, mit Veränderungen umzugehen. Ich möchte jedoch den Blick auch auf die gesellschaftlichen Bedingungen richten, unter denen wir leben und die uns verändern. Der Einfluss der Gesellschaft auf unser Handeln, Fühlen und Denken und unsere Möglichkeiten, uns zu entfalten und flexibel zu reagieren, ist groß. Das wurde schon im Kapitel über die kollektiven Schicksalsschläge und die sich wandelnde Gesellschaft deutlich.

Große gesellschaftliche Veränderungen stellen die Menschen heute vor enorme Herausforderungen, mit denen sie »irgendwie« umgehen müssen. Wir erleben einen rasanten weltweiten Wandel, der Unsicherheit und Angst erzeugt. Finanzkrise, Null-Zins-Niveau, die vielen Zuwanderer und die Angst des Jobverlustes durch Digitalisierung und künstliche Intelligenz oder Sparmaßnahmen und Insolvenzen der Unternehmen rütteln an der Existenz vieler Bürger. Unsicherheit und Angst sind der Motor, sich rechtspopulistischen oder sogar rechtsextremen Parteien anzuschließen, weil sie einfache Lösungen für komplexe Probleme anbieten. Resilienz, Achtsamkeit, Selbstoptimierung und Weisheit sind wichtige Mittel, mit denen die Menschen den Unsicherheiten begegnen, auch den gesellschaftlich bedingten. Es ist aber auch eine Aufgabe von Politik und Staat, Sicherheit herzustellen. Das beginnt schon bei der Wohnungspolitik, die es zulässt, dass sich immer mehr Menschen Wohnungen in guten Vierteln der Großstädte nicht mehr leisten können. Abstiegsangst grassiert sogar in der Mittelschicht, die ja die Basis unseres Wohlstands ist.

Sicher ist jeder Einzelne gefordert, mit den gegenwärtigen Bedingungen umzugehen, doch er kommt an seine Grenzen, weil das Problem systemisch und nicht nur individuell ist. Die Politik ist daher gefordert, die Ursachen der Krisen zu identifizieren und Veränderungen einzuleiten. Wird mir die Wohnung gekündigt, weil das Haus an einen Investor verkauft wurde, es nun saniert wird, dadurch die Miete um 100 bis 300 Prozent steigt, muss ich dafür sorgen, nicht in eine Depression zu fallen oder Suizidgedanken zu entwickeln. Aber das ist nur die eine Seite der Wirklichkeit. Die andere ist die Verantwortung der Politik, der Überhitzung des Wohnungsmarktes Einhalt zu gebieten und genügend bezahlbaren Wohnraum zur Verfügung zu stellen, statt nur darüber zu reden.

Wir brauchen nicht nur resiliente Bürger, die gut mit Krisen fertigwerden, sondern eine Gesellschaft, die von den Entscheidungsträgern in Politik und Wirtschaft die Verantwortung für eine nachhaltige Entwicklung einfordert, in der es um die aktive Gestaltung menschenwürdiger Lebensumstände geht. Die Frage, die sich auftut, ist: Wie kann Kohärenz in Zeiten des Umbruchs auch gesellschaftlich wiederhergestellt werden?

Gehemmt werden viele gesellschaftliche Prozesse durch Desintegration oder Spaltung. Darauf setzen vor allem die Parteien des rechten Randes. Es wird ein Freund-Feind-Szenario aufgebaut, ein Schwarz-Weiß, ein Dafür und ein Dagegen. Natürlich ist die Welt und ihr Geschehen immer polar ausgerichtet, doch ist das etwas anderes als Spaltung. Spaltungen zerstören die Ganzheit, wogegen Polaritäten Widersprüche sind, die zwar eine Spannung hervorrufen, aber integrierbar sind.[65] Spaltungen entstehen immer dann, wenn die Widersprüche extrem stark werden und einen großen Stress hervorrufen, wie beispielsweise durch die hohe Zahl der Flüchtlinge. Die Flüchtlingsdebatte wird in unserer Gesellschaft polar diskutiert. Die einen verteufeln Flüchtlinge als Kriminelle, und die anderen kämpfen für deren Aufnahme und Integration. Die einen sind dagegen, die anderen dafür. Diese Spaltung in Gut und Böse verhindert eine Einigung, weil beides die Realität nicht in ihrer Gänze abbildet. Dazu müssten wir die Pole zusammenbringen: Es ist auf der einen Seite human, sie aufzunehmen, auf der anderen Seite ein gesellschaftliches und soziales Problem. Benennt man das, läuft man Gefahr, in die rechte Ecke gedrängt zu werden. Das macht es so schwierig, eine Lösung zu finden, weil wir es im Gut-Böse-Modus diskutieren. Was würde passieren, wenn wir beide Pole zusammenbringen? Dann müssten wir uns um unsere Gesellschaft kümmern und würden merken, wie egoistisch wir sind oder was wir verändern müssten. Integration bedeutet, beide Seiten benennen zu dürfen und nicht gegeneinander auszuspielen.

Spaltung ist in diesem Sinne eine Methode, sich vor der Unvereinbarkeit zweier Realitäten zu retten, indem man sich nur einer zuwendet. Überwunden werden kann die Spaltung nur dadurch, dass beide Positionen in ihrer Unterschiedlichkeit und Widersprüchlichkeit akzeptiert werden, ohne die eigene Überzeugung aufgeben zu müssen. Das führt zu Integration und Verständigung.

Wie es gehen kann, zeigt ein Projekt in einem Brennpunktviertel in Berlin. Um der immer stärker werdenden Eskalation zwischen Jugendlichen und der Polizei etwas entgegenzusetzen, initiierte ein Sozialarbeiter den Kontakt zwischen beiden Seiten. Anstatt sich immer heftiger zu bekämpfen, begannen sie, sich anzunähern. Nach anfänglich großer Skepsis entwickelte sich ein effektives Netzwerk, in das auch andere Institutionen wie Kirche, Jugendzentren, Cafés, Moscheen und Krankenhäuser eingebunden wurden. Innerhalb weniger Jahre beruhigte sich das Viertel und statt Gewalt gab es Verständigung. Die Spaltung zwischen den »bösen« ausländischen Jugendlichen und der »guten« Polizei wich der Integration. Das ist nur eine von leider wenigen Initiativen, zeigt aber, dass nur durch Dialog, Miteinander und gegenseitiges Kennenlernen ein friedliches Zusammenleben möglich ist. Viele plädieren daher für eine neue und effektive Debattenkultur.

Im Gegensatz dazu erschrickt man über die Tatsache, dass jene Beiträge im Netz, die am meisten Aufmerksamkeit bekommen, Streitereien, Kontroversen, Wut, Häme und Hass zum Inhalt haben, wie Gregor Hochmuth[66], ein ehemaliger Mitbegründer von Instagram, kritisiert – mit der Folge, dass er alle seine sozialen Netzwerke löschte. Er als Insider muss es ja wissen!

Die Polarisierung ist im Moment auf dem Vormarsch, was zu keiner guten Lösung führt, sondern Menschen gegeneinander aufbringt und Gesellschaften spaltet. Wir vermeiden dadurch den Bezug zu uns und unseren eigenen Schwierigkeiten und Gefühlen und retten uns ins Verteufeln der anderen Meinung.

Menschen tendieren dazu, negative Einstellungen auf andere zu projizieren. Fühlen wir uns beispielsweise von Flüchtlingen bedroht, weil sie uns angeblich die Jobs, die Frauen und das Geld wegnehmen, dann werden Ausländer schnell als kriminell und gefährlich abgestempelt. Die Gefahr geht aber weniger von den äußeren Umständen aus als mehr von unseren Gefühlen. Es ist einfacher, andere für das Unheil verantwortlich zu machen, als sich seinen Ängsten und seiner Wut zu stellen. Ohne emotionale Intelligenz werden sich die Projektionen nicht auflösen und dadurch unsere Unzufriedenheit oder unseren Hass weiter schüren. Die Umstände mögen schwierig sein, aber wir machen oft noch mehr daraus. Wer immer den Teufel an die Wand malt, sieht irgendwann nur noch Teufel und findet keine Lösung und Befreiung.

Eigenverantwortung und Verantwortung von Politik, Wirtschaft und Gesellschaft, beides brauchen wir, um konstruktiv und mutig die Veränderungen der Zeit zu meistern. Unverzichtbar dabei sind die Entwicklung von Unsicherheitstoleranz und die Fähigkeit, mit Fremdem umzugehen, da gesellschaftliche Wandlungsprozesse in der Regel lange dauern. Auch brauchen wir Verständnis für unsere Ängste – und Räume, sie zuzulassen. Dafür müssen wir sorgen und können nicht nur auf die Politik hoffen.

Sinnfindung im Wandel

In Veränderungssituationen, in denen uns der Boden unter den Füßen schwankt oder sogar weggerissen wird, brauchen wir Haltegriffe, die uns nicht in eine totale Verzweiflung und Sinnlosigkeit abstürzen lassen. Wir brauchen sogenannte Trittsteine[67], die uns Halt geben und einen Weg weisen. Oftmals müssen wir springen, vom Jetztzustand in den neuen. Um springen zu können, müssen wir zuerst den alten Ort verlassen, brauchen aber auch einen Boden, auf dem wir sicher landen. Diesen Boden bereiten die Trittsteine, wenn wir uns auf den Weg ins Ungewisse machen oder mit einem Schicksalsschlag fertigwerden müssen. Sie begegnen uns in vielfältigen Gestalten: in der Freude auf das Neue, in einem tröstenden Wort, in einer stärkenden Begegnung und im Vertrauen und der Hoffnung ins Leben. Vielen Menschen ist auch ihr Glaube an Gott Trost und Hilfe, wenngleich er in der tiefsten Not mitunter verloren geht. Denn woran soll jemand glauben, wenn er so leiden muss? Und dennoch ist das Gefühl, auch in Wandlungszeiten getragen und aufgehoben zu sein, wesentlich. Menschen zu haben, die zu einem stehen und auf die man sich verlassen kann, geben ebenso Halt und Sicherheit wie das Gefühl, von einer höheren Macht getragen zu werden und Teil des Ganzen zu sein. Dieses Erleben geht über die psychischen Fertigkeiten hinaus, ist aber mit ihnen verbunden.

Das bestätigt der Palliativmediziner Gian Borasio, der Spiritualität als innere Einstellung, inneren Geist und persönliches Suchen nach Sinngebung versteht. Spiritualität und Lebenssinn sind Ressourcen für jeden Einzelnen, mit denen er den Herausforderungen und existenziellen Bedrohungen im Leben begegnet.[68]

Je mehr wir darauf vertrauen, dass das, was geschieht, einen Sinn und eine Bedeutung hat, gelingt uns dessen Bewältigung wesentlich besser. Wir wissen dann, dass es sich lohnt, Energie zu investieren und unser Einsatz nicht unnötig ist. Die Probleme werden dann eher zu Herausforderungen, was sie erträglicher macht.

Sinnfindung ist das tiefe Vertrauen in eine Lebenskraft, das Schicksal, Gott oder eine höhere Macht. In Umbruchsituationen bauen wir darauf, dass das Schicksal gut für uns sorgt und die Auseinandersetzung mit den Veränderungen uns letztlich weiterbringt. Wir können viel in unserem Leben selbst bestimmen, aber nicht alles. Indem wir Verantwortung abgeben, können wir uns auch entlasten. Wie bei der Gelassenheit gilt es auch hier zu unterscheiden, was unsere Handlungsnotwendigkeit ist und wo sie endet, wo wir loslassen und abgeben können.

»Trotzdem Ja zum Leben sagen«[69] war die Maxime von Viktor Frankl. Während viele andere im Konzentrationslager am Erlebten zerbrachen, blieb Frankl dabei: Es gilt, selbst in schwersten Umständen einen Sinn zu finden. Er war stets berührt von der kleinsten positiven Erfahrung, wertete diese als Beweis dafür, dass man dem Menschen im Konzentrationslager alles nehmen kann, nur nicht die letzte menschliche Freiheit, sich zu den gegebenen Verhältnissen so oder so einzustellen.

Die Wahrnehmung des Positiven, und mag es noch so klein sein, stärkt unseren Lebensmut und unser Vertrauen in die Kraft unseres Wesens. In Übereinstimmung mit uns und unseren Überzeugungen wird unser Handeln sinnhaft und kraftvoll. Verlieren wir uns aber, verlieren wir auch unsere Selbstannahme und unser Menschsein, das Verständnis hat für menschliche Schwächen und sogar für Schuld. Durch dieses Verständnis heilen wir in der Tiefe, indem wir uns akzeptiert und angenommen fühlen und dadurch bei uns ankommen. Dann treten wir wieder mit unserer eigenen göttlichen Natur in Verbindung. Dieses tiefe Verständnis, diese bedingungslose Annahme suchen wir oft in anderen, doch finden werden wir sie nur, wenn sie auch in uns wächst.

Die Wege dahin sind vielfältig. Wenn ich in Seminaren frage, was Menschen tun, um sich zu akzeptieren und mit sich eins zu fühlen, dann nennen sie unter anderem: sich freundlich im Spiegel anschauen, wohlwollend mit sich sprechen, achtsam mit sich umgehen und sich gut behandeln, seelisch wie körperlich. Sie suchen die Natur auf, mit der sie eins werden, oder finden sich in der Meditation. Auch Engel als Begleiter spielen eine große Rolle. Sie symbolisieren die schützende Begleitung und die Verbindung zu guten geistigen Kräften, die uns zuwachsen mögen, um uns zu stärken.

Wir brauchen Selbstmitgefühl

Selbstmitgefühl ist das Wohlwollen uns gegenüber, das schon oft in diesem Buch erwähnt wurde und eine tragende Basis ist, um dem Leben nicht nur gewachsen zu sein, sondern auch eine positive Lebenseinstellung zu entwickeln. Wie soll ich mich den Veränderungen und Herausforderungen des Lebens stellen, wenn ich permanent mit mir im Streit liege, mich reglementiere, kritisiere, entwerte und mich nicht so sein lasse, wie ich bin? Viele psychische Probleme erwachsen einer überkritischen Haltung zu sich selbst, die meist verbunden ist mit einer grundlegenden Ablehnung der eigenen Person. Wer sich ständig mit anderen vergleicht, sich permanent bewertet, ob man »richtig« ist, alles richtig macht und im Grunde doch nur wieder einen Fehler bei sich sucht, der ist mehr mit sich beschäftigt als mit dem Leben.

Selbstfürsorge dagegen bedeutet, sich so sein zu lassen, wie man ist, und sich anzunehmen. Es hilft nichts, anders sein zu wollen, als wir sind, es hilft nur, so zu werden, wie wir sind. Das geschieht über Verständnis für unsere Eigenheiten und Besonderheiten. In Zeiten, in denen wir unseren Erwartungen entsprechen, haben wir keine Probleme, uns anzunehmen. Versagen wir aber oder kommen wir mit einer Herausforderung nicht klar, beginnt der innere Krieg: »Reiß dich zusammen, mach schon, streng dich an.« Selbstfürsorge würde bedeuten, uns unserer Person liebevoll zuzuwenden, Verständnis aufzubringen für die momentanen Probleme und uns beruhigend und unterstützend zuzureden. Alles andere erzeugt Druck, Spannung und Angst und verhindert zielgerichtetes Verhalten. Wenn wir aber dafür sorgen, dass unsere Bedürfnisse nicht zu kurz kommen, können wir uns eine sicherere Situation herstellen, die wir brauchen, wenn wir uns in einer Wandlungszeit befinden. Wir achten dabei auf ausreichend Muße, Ruhe, Trost, Zuspruch und angenehme Erlebnisse. Müssen wir beispielsweise die Hinterlassenschaften einer verstorbenen Person auflösen, die uns sehr am Herzen lag, sollten wir geduldig mit uns sein und uns ermutigen. In einer solchen Situation begegnen uns so viele Gefühle, die ein striktes Erledigen unmöglich machen. Uns anzutreiben hilft uns nicht weiter, sondern in unserem Tempo vorangehen, auch wenn andere es anders machen würden. Wir sind aber nicht die anderen, sondern wir. Sich von fremden Erwartungen und Ansprüchen abzugrenzen, ist auch eine Form der Selbstfürsorge.

Ebenso wie andere Menschen mit Freude, Glück und Optimismus reagieren, wenn wir Mitgefühl für sie zeigen, geht es auch uns. Unser Selbstmitgefühl ruft bei uns ebensolche positiven Gefühle hervor, die uns bei der Auseinandersetzung mit Veränderungen motivieren.

Viele verwechseln Selbstmitgefühl mit Selbstmitleid und lehnen es ab, weil sie Angst haben, darin zu versinken. Mitleid ist wirklich nicht konstruktiv, da es nichts an der Situation verbessert. Mitgefühl dagegen ist das Verständnis für die bestehenden Schwierigkeiten, verbunden mit dem Wunsch, etwas Heilsames für uns oder andere zu bewirken, sagt Luise Reddemann: »Beim Mitgefühl geht es immer um Akzeptanz von Leiden – unser eigenes und das von anderen Menschen.«[70]

Selbstmitgefühl sei egoistisch, sagen viele, weil jemand sich nur um sich kümmert. Doch das stimmt nicht, im Gegenteil. Je mehr liebevolle Unterstützung man sich gibt, umso mehr positive Gefühle erwachsen in einem, die dann auf die anderen zurückwirken. Öffne ich mein Herz für mich, dann ist es auch offener für meine Mitmenschen und führt zu Friedfertigkeit und Warmherzigkeit.

Im Buddhismus gibt es die Liebende-Güte-Meditation. Der Text, den die Meditierenden dabei sprechen, beginnt immer mit guten Wünschen für sich selbst, die ihr Herz öffnen. Dann erst folgen die guten Wünsche für die anderen. In einer Haltung von Selbstmitgefühl unterstützen wir also nicht nur uns, sondern auch die anderen, und zugleich stärken wir unsere Wandlungsfähigkeit. Auf dem Boden einer akzeptierenden, unterstützenden Haltung zu uns und der Welt können wir uns leichter auf die notwendigen Veränderungen einlassen.

Wandlungsbilanz ziehen

An dieser Stelle ist es hilfreich, eine Bilanz über Wandlungsfähigkeit und Veränderung zu ziehen, über ihre belastenden und positiven Seiten. Schwerpunkt ist das Loslassen und Dranbleiben, das Akzeptieren und Handeln, das Ergreifen des günstigen Moments, um zu einem guten Ende zu kommen. Veränderungen werden wir nie verhindern können, sie geschehen ganz von allein oder durch unsere Entscheidung. Alles beim Alten zu lassen bedeutet Stillstand, Stehenbleiben und verpasste Lebenschancen. Auch wenn wir Angst haben, uns zu verändern oder uns auf die veränderten Bedingungen einzulassen, wäre es doch furchtbar langweilig, wenn alles immer gleich bliebe. Erst das Ende oder die Ahnung vom Ende einer Sache vermittelt uns deren ganzen Wert. Wir gewöhnen uns als Menschen an Gegebenheiten und ertragen dadurch ihre Schattenseiten besser, sehen oft aber auch das Schöne nicht mehr so intensiv. Gewöhnung ist eine wichtige Überlebensfähigkeit, um nicht an dem Schlimmen zu zerbrechen. Umbrüche katapultieren uns aus der Gewohnheit heraus und eröffnen uns auf diese Weise neue Perspektiven.

Das Ziehen der Wandlungsbilanz kann Ihnen helfen, den Sinn des Wandlungsprozesses zu finden und aufzuspüren, so wie er sich für Sie erschließt. Es ist eine Möglichkeit, innezuhalten und die bisherigen Veränderungen zu reflektieren. Vielleicht werden Sie gnädiger mit sich und Ihren Ängsten, lernen, Veränderungen nicht nur als Belastungen, sondern auch als Herausforderungen zu sehen, die Ihre Grenzen weiten und Ihre Persönlichkeit wachsen lässt. Nicht zu vergessen der Lernzuwachs, den Sie erhalten, indem Sie sich mit neuen und unbekannten Dingen auseinandersetzen müssen. Und Sie entdecken innere Kraftquellen in sich, die Sie bisher nicht kannten.

Selbstreflexion

Die Bilanz kann Ihnen helfen herauszufinden, was Ihnen in Veränderungssituationen geholfen und was Ihnen geschadet hat, was Sie noch verändern und wo Sie hinwollen.

Wenn meine Veränderungssituation ein Roman wäre, welchen Titel würde er tragen?

Wie wäre die Handlung?

Wie endet der Roman?

Was ist der Sinn des Veränderungsprozesses?

Und zu guter Letzt: Machen Sie sich eine Wunschliste für 12 Monate mit dem Titel: »Wenn ich könnte, wie ich wollte, dann würde ich ...«:

Überprüfen Sie nach einem Jahr die Liste:

Was davon habe ich umgesetzt?

Was habe ich nicht umgesetzt? Und warum?

Was habe ich verworfen? Und warum?

Anmerkungen

1 Bühler et al., 2019
2 Odermatt und Stutzer 2019
3 Die Gestalttherapie ist ein erfahrungs- und erlebensorientiertes psychotherapeutisches Verfahren. Das Ziel ist es, dass der Patient seine psychischen Anteile integriert und in seiner Persönlichkeit reift.
4 Beisser, 1995, S. 25
5 Pachl-Eberhart, 2012
6 Bowlby, 2016
7 Brisch, 2018
8 Rebillot und Kay, 2011
9 Hüther, 2017
10 Hüther, 2017
11 Desjardins, o. J.
12 Linden, 2017
13 Fröch, 2012, S. 21
14 Bock, 1995, S. 25
15 Beisser, 1995, S. 7
16 Beisser, 1995, S. 8
17 Beisser, 1997, S. 25
18 Polster und Polster, 1977
19 Bei der existenziellen Psychotherapie geht es um existenzielle Themen des Lebens wie personale Freiheit, Verantwortung, Sinnsuche, Authentizität und die innere Zustimmung zu dem, was man tut oder unterlässt.
20 Meyer, 2017
21 Osho, o. J.
22 de Saint-Exupéry, 2015, S. 52
23 Holt-Lunstad et al., 2010
24 Giegerenzer, 2017

25 Schnarch, 2011
26 Zit. nach Nickel, o. J.
27 Frankl, 2018
28 Lynen, 2016, S. 38
29 Kampusch, 2012
30 Kulle, 2007
31 von Tiedemann, 2013, S. 116
32 Ein Placebo ist ein Arzneimittel, das keinen Arzneistoff enthält und somit keine pharmakologische Wirkung hat, aber dennoch hilft.
33 Benedetti, 2010
34 Balint, zit. nach Luban-Plozza et al., 1998
35 Meier-Braun und Schlüter, 2017
36 Allende, 2018, S. 52
37 Bonhoeffer, 1998, S. 255 f.
38 Tausch, 2013, S. 118–125
39 Reddemann, 2014 (Vortrag)
40 Reddemann, 2014
41 Buber, zit. aus dem Vortrag von Reddemann 2014
42 Marinic, 2018
43 Lippmann, 2015, S. 21–24
44 Leonhard und Cole, 2017
45 von Meibom, 2016, S. 49–62
46 Kruse, 2013, S. 160–168
47 Schupp, 2013
48 Aus dem Gedicht von Mário de Andrade, o. J.
49 Borasio, 2011, S. 24
50 Taylor, 2016, S. 51
51 Taylor, 2016, S. 168
52 Satir u. a., 1991
53 Das Konzept des Tiefpunktes stammt aus der Lehre der Anonymen Alkoholiker und der Suchttherapie
54 Wunschträume – Netzwerk für Frauen und Mädchen e. V.: www.netzwerk-wunschtraeume.de
55 Kast, 2013
56 Linden, 2017, S. 37

57 Goleman, 1997
58 Kulle, 2007, S. 287
59 Hartmann, 2006, S. 18
60 Beutel et al., 2017
61 Nach Mai, o. J.
62 Niebuhr, o. J.
63 Antonovsky, 1997, S. 36 ff
64 Heidenreich und Michalak, 2006, S. 235-240
65 Boeckh, 2018, S. 68
66 Pfeifer, 2018
67 Seidl, 2017
68 Borasio, 2011, S. 90
69 Frankl, 2018
70 Reddemann, 2016

Zitierte und weiterführende Literatur

Antonovsky, Aaron: Salutogenese: Zur Entmystifizierung der Gesundheit. dgvt-Verlag 1997

Allende, Isabel: Artikel »Als meine Tochter starb« veröffentlicht in: Süddeutsche Zeitung vom 18.11.2018, © 2018, Isabel Allende

Baumann, Kai / Linden, Michael: Weisheitskompetenzen und Weisheitstherapie. Die Bewältigung von Lebensbelastungen und Anpassungsstörungen. Pabst Verlag 2015

Benedetti, Fabricio: Der Arzt als Placebo. SWR-Fernsehen vom 21.10.2010. https://www.swr.de/odysso/der-arzt-als-placebo/-/id=1046894/did=6881656/nid=1046894/1ay8p2z/index.html

Beisser, Arnold R.: Die paradoxe Theorie der Veränderung. Gestalt Publikationen, Heft 18, Zentrum für Gestalttherapie 1995

Beisser, Arnold R.: Wozu brauche ich Flügel? Peter Hammer Verlag 1997

Beutel, Manfred E. u. a.: Childhood adversities and distress – The role of resilience in a representative sample. PlosOne: March 15, 2017 https://doi.org/10.1371/journal.pone.0173826

Bock, Werner: Kommentar zu Arnold Beissers »paradoxer Theorie der Veränderung«. In: Beisser, Arnold: Die paradoxe Theorie der Veränderung. Gestalt Publikationen, Heft 18, Zentrum für Gestalttherapie 1995

Boeckh, Albrecht: Spaltungen in der Gesellschaft und in der Theorie der Gestalttherapie. In: Gestalt Therapie – Forum

für Gestaltperspektiven. Edition Humanistische Psychologie, 32. Jahrgang, Heft 2, S. 49–70, 2018
Bonhoeffer, Dietrich: *Widerstand und Ergebung.* Werkausgabe, Band 8. Chr. Kaiser Verlag 1998
Borasio, Gian Domenico: Über das Sterben. Was wir wissen. Was wir tun können. Wie wir uns darauf einstellen. dtv 2011
Bowlby, John: Frühe Bindung und kindliche Entwicklung. Ernst Reinhardt Verlag 2016
Brisch, Karl Heinz: Säuglings- und Kleinkindalter: Bindungspsychotherapie – Bindungsbasierte Beratung und Therapie. Klett-Cotta 2018
Bühler, Janina u. a.: A closer look at life goals across adulthood: Applying a developmental perspective to content, dynamics, and outcomes of goal importance and goal attainability. *European Journal of Personality*, Verlag John Wiley & Sons 2019
Desjardins, Arnaud: Gegensätze. http://www.anatmavada.com/tag/arnaud-desjardins/
de Andrade, Mário: Mein zweites Leben – die wertvolle Zeit der Reife. https://www.newslichter.de/2018/07/mein-zweites-leben-die-wertvolle-zeit-der-reife/
de Saint-Exupéry, Antoine: Der Kleine Prinz. Anaconda Verlag 2015
Föllmi, Danielle / Föllmi, Olivier: Die Weisheit des Buddhismus Tag für Tag. Knesebeck Verlag 2003
Frankl, Viktor: … trotzdem Ja zum Leben sagen: Ein Psychologe erlebt das Konzentrationslager. Penguin Verlag 2018
Fröch, Bernadette: Die Bedeutung des Labyrinths im Rahmen der Trauerarbeit. Abschlussarbeit. Universitätslehrgang. Palliative Care – Vertiefungslehrgang Palliativpflege Stufe II, 2012, www.dgpalliativmedizin.de

Giegerenzer, Gerd: Die Tricks der Intuition. Radio Wissen Bayern vom 31.05.2017. https://www.br.de/radio/bayern2/sendungen/radiowissen/psychologie/intuition-gefuehl-tricks-100.html

Goleman, Daniel: Emotionale Intelligenz. dtv Verlagsgesellschaft 1997

Hartmann, Hans-Peter: Narzisstische Persönlichkeitsstörungen – Ein Überblick. In: Kernberg, Otto F. / Hartmann, Hans-Peter: Narzissmus. Grundlagen, Störungsbilder, Therapie. S. 3–36. Schattauer 2006

Heidenreich, Thomas / Michalak, Johannes: Achtsamkeit und Akzeptanz als Prinzipien in der Psychotherapie. In: PiD – Psychotherapie im Dialog 2006; 7(3): 235–240. Georg Thieme Verlag KG

Holt-Lunstad, Julianne u. a: Social relationships and mortality risk: A meta-analytic review. Plos Medicine: July 27, 2010 https://doi.org/10.1371/journal.pmed.1000316

Hüther, Gerhard: Die sanfte (R)evolution. Interview mit Veit Lindau bei Humantrust am 18.1.2017

Kaminski, Michael: Pilgern mitten im Leben: Wie deine Seele laufen lernt. Herder 2016

Kampusch, Natascha: 3096 Tage. Ullstein Verlag 2012

Kast, Verena: Trauern: Phasen und Chancen des psychischen Prozesses. Kreuz Verlag 2013

Kruse, Andreas: In Offenheit leben – Entwicklungsaufgaben im Alter. In: Reddemann, Luise: Zeiten des Wandels. Die kreative Kraft der Lebensübergänge. S. 160–168. Kreuz Verlag 2013

Kulle, Stephan: Das Leben gibt dir Zitronen, mach Limonade draus. Mein Weg zurück ins Leben. Pattloch Verlag 2007

Leonhard, Gerd / Cole, Tim: Technology vs. Humanity: Unsere Zukunft zwischen Mensch und Maschine. Vahlen Verlag 2017

Linden, Michael: Verbitterung und Posttraumatische Verbitterungsstörung. Fortschritte der Psychotherapie, Hogrefe Verlag 2017

Lippmann, Erik: Der flexible Mensch: Umbrüche als Normalfall. In: Wirtschaftspsychologie aktuell 4/2015, S. 21–24

Luban-Plozza, Boris u. a.: Der Arzt als Arznei. In: Deutsches Ärzteblatt, Heft 41, Deutscher Ärzteverlag GmbH 1996

Lynen, Patrick: How to get Veränderung. KOHA Verlag 2016

Mai, Jochen: 7 Säulen der Resilienz. https://karrierebibel.de/resilienz/#Die-7-Saeulen-der-Resilienz

Marinic, Jagoda: Wir brauchen Wagemutige, die unsere Behaglichkeit stören. Süddeutsche Zeitung vom 29./30.12.2018, S. 5

Meibom von, Barbara: Die Seele nähren – Ein Weg in Zeiten der Unsicherheit. In: Aufbruch. Umbruch. Wandel. Tagungsband der 35. Goldberger Dialoge. Kulturverein Schloss Goldbeck 2016, S. 49–62

Meier-Braun, Annette / Schlüter, Christiane: Die gewandelte Trauer. Claudius Verlag 2017

Menning, Hans: Das psychische Immunsystem: Schutzschild der Seele. Hogrefe Verlag 2015

Meyer, Christian: Ein Kurs in wahrem Loslassen. Interview am 03.03.2017 bei LitLounge.tv https://www.youtube.com/watch?v=Hmm4EidAwsA

Nickel, Bernd: Wie in Indien die Affen gefangen werden. https://www.erlebte-paarberatung.de/redaktion/metaphern/wie-in-indien-die-affen-gefangen-werden.html

Niebuhr, Reinhold: Das Gelassenheitsgebet. https://www.wlb-stuttgart.de/sammlungen/handschriften/bestand/nachlaesse-und-autographen/oetinger-archiv/gelassenheitsgebet/

Odermatt, Reto / Stutzer; Alois: (Mis-)Predicted subjective well-being following life events. In: Journal of the European Economic Association, 2019, doi: 10.1093/jeea/jvy005

Osho: Geschichte über die Angst vor dem Loslassen. www.osho.com

Pachl-Eberhart, Barbara: Vier minus drei. Wie ich nach dem Verlust meiner Familie zu einem neuen Leben fand. Integral Verlag, 2012

Polster, Erving / Polster, Miriam: Gestalttherapie. Theorie und Praxis der integrativen Gestalttherapie. Kindler 1977

Rebillot, Paul / Kay, Melissa: Die Heldenreise. Das Abenteuer der kreativen Selbsterfahrung. Eagle Verlag 2011

Pfeifer, David: Aufgestiegen und ausgestiegen. In: Tagesanzeiger vom 28.12.2018. https://www.tagesanzeiger.ch/digital/social-media/Aufgestiegen-und-ausgestiegen/story/21586044

Reddemann, Luise: Wie verarbeiten Menschen kollektive Schicksalsschläge? CD 1–3, Auditorium, Netzwerk Müllheim-Baden, 2014

Reddemann, Luise: Mitgefühl, wie wir es lernen können. Interview mit Doris Iding am 18. Mai 2016. http://vomglueckderkleinendinge.blogspot.com/2016/05/mitgefuhl-wie-wir-es-lernen-konnen-prof.html

Satir, Virginia u. a.: The Satir Model: Family Therapy and Beyond, Science and Behavior. Books Palo Alto 1991

Satir, Virginia: Modell für Veränderungen nach Satir. In: Caimito Agile Life S. L. http://www.caimito.net/de/kbase/satir.html

Schnarch, David: Intimität und Verlangen – Sexuelle Leidenschaften in dauerhaften Beziehungen. Klett-Cotta Verlag, Stuttgart 2011

Schupp, Jürgen: Die Glückskurve des Lebens verläuft wie ein U. ARD vom 11.10.2013. http://www.ard.de/home/themenwoche/Juergen_Schupp_Die_Glueckskurve_verlaeuft_wie_ein_U_/417972/index.html

Seidenstricker, Iris: Zeit für Neues. Wie Sie herausfinden, was Sie im Ruhestand machen möchten. dtv premium 2018

Seidl, Christoph: Trittsteine. Katholische Morgenfeier vom 15.1.2017. www.br.de

Seyfahrt, Kathrin: Mein Weg aus der Magersucht. TB Bircher-Benner 1992

Tausch, Daniela: Halt im Loslassen finden – Wenn der Partner stirbt. In: Reddemann, Luise: Zeiten des Wandels. Die kreative Kraft der Lebensübergänge. S. 118–125. Kreuz Verlag 2013

Tiedemann von, Friederike: Schätze in den Trümmern finden – Vom Ende der Liebe. In: Reddemann, Luise: Zeiten des Wandels. Die kreative Kraft der Lebensübergänge. S. 109–117. Kreuz Verlag 2013

Taylor, Cory: Sterben. Eine Einführung. © 2017, Allegria Ullstein Buchverlage GmbH, Berlin

Wardetzki, Bärbel: Ohrfeige für die Seele. Wie wir mit Kränkung und Zurückweisung besser umgehen können. Kösel Verlag 2000

Wardetzki, Bärbel: Mich kränkt so schnell keiner! Wie wir lernen, nicht alles persönlich zu nehmen. Kösel Verlag 2001

Wardetzki, Bärbel: Nimm's bitte nicht persönlich. Der gelassene Umgang mit Kränkungen. Kösel 2010

Wardetzki, Bärbel: Souverän und selbstbewusst. Der gelassene Umgang mit Selbstzweifeln. Kösel 2014